Gemeinsam/Together II

IMAGES OF DISABILITY / IMÁGENES DE LA DIVERSIDAD FUNCIONAL

Literature, Scenic, Visual, and Virtual Arts /
Literatura, artes escénicas, visuales y virtuales

Edited by
Susanne Hartwig and Julio Enrique Checa Puerta

VOLUME 7

PETER LANG

Susanne Hartwig (Hg./ed.)

Gemeinsam/Together II

Kognitiv beeinträchtigte Menschen in europäischen Spielfilmen
People with Learning Disabilities in European Feature Films

PETER LANG

Bibliographic Information published by the Deutsche Nationalbibliothek
The Deutsche Nationalbibliothek lists this publication in the Deutsche Nationalbibliografie; detailed bibliographic data is available online at http://dnb.d-nb.de.

Funded by

DFG Deutsche Forschungsgemeinschaft

German Research Foundation

Funded by the Deutsche Forschungsgemeinschaft
(DFG, German Research Foundation) – 429281822.

ISSN 2569-586X
ISBN 978-3-631-89659-4 (Print) • E-ISBN 978-3-631-89725-6 (E-Book)
E-ISBN 978-3-631-89726-3 (EPUB) • DOI 10.3726/b20567

Peter Lang – Berlin · Bern · Bruxelles · New York ·
Oxford · Warszawa · Wien

www.peterlang.com

Inhaltsverzeichnis

Ireland

Italy

Spain

Zum Aufbau des Buches

Wie arbeiten Menschen mit und ohne Behinderung im künstlerischen Schaffensprozess miteinander? In welchen Kontexten kommen Menschen mit „geistiger" Behinderung zu Wort und wo wird ihre Weltsicht und ihr Weltwissen gehört? Das waren die Ausgangsfragen unseres Buches mit dem Titel *Gemeinsam/Together* (Hartwig 2022),[1] das 19 europäische Theaterensembles vorstellte. Theaterregisseur:innen, Dramaturg:innen und Schauspieler:innen antworteten uns direkt oder in Essays und gewährten uns einen Einblick in ihre Arbeitsweise. Da diese Interviews und Essay im Rahmen eines größeren Forschungsprojektes entstanden, das sich nicht nur für das Theater, sondern auch für Filme interessiert, die mit Schauspieler:innen mit „geistiger" Behinderung als Protagonist:innen arbeiten,[2] ist es nur konsequent, nun einen Band auch den Filmregisseur:innen zu widmen.

Die Grundfragen dieses zweiten Bandes ähneln denen des ersten. Wir wollten wissen, welche konkreten Erfahrungen die Regisseur:innen und Produzent:innen von Filmprojekten bei ihrer Arbeit mit den Schauspieler:innen mit „geistiger" Behinderung gemacht habe. Dabei interessierte uns z.B., wie die Schauspieler:innen gecastet wurden, welche Filmerfahrungen sie mitbrachten bzw. auf welches Schauspieltraining sie zurückgreifen konnten und an welcher Stelle sie ihre Ideen in den Film einbrachten. Da Menschen mit „geistiger" Behinderung oft anders kommunizieren und handeln, als am Filmset üblicherweise erwartet wird, interessierte uns auch die Organisation der Proben und der Dreharbeiten, welche Überraschungen die Regisseur:innen erlebt hatten und wie die Atmosphäre am Set war. Darüber hinaus sollten die Befragten

---

1 Susanne Hartwig (Hg.), *Gemeinsam/Together. Kognitiv beeinträchtigte Menschen in europäischen Theatern – Theorie und Praxis/People with Learning Disabilities in European Theatres – Theory and Praxis.* Unter Mitarbeit von Soledad Pereyra. Berlin/Bern/Bruxelles/New York/Oxford/Warszawa/Wien: Peter Lang 2022 (Images of Disability. Literature, Scenic, Visual, and Virtual Arts/Imágenes de la diversidad funcional. Literatura, artes escénicas, visuales y virtuales. Bd. 4).

2 Das Projekt heißt „Erzählung, Erwartung, Erfahrung. Behinderung im zeitgenössischen europäischen Theater und Film" (Projektnummer 429281822). Es gibt einen Überblick über europäische Theateraufführungen und Filme mit Schauspieler:innen mit „geistiger" Behinderung und analysiert die Struktur und das Wirkungspotential dieser Werke.

von ihren Erfahrungen mit Vorurteilen seitens der Zuschauer:innen berichten. Dabei kamen wir u.a. auf eines der hartnäckigsten Vorurteile zu sprechen, das auch in Filmkritiken immer wieder auftaucht, nämlich dass Menschen mit einer „geistigen" Behinderung angeblich nur sich selbst, nicht jedoch fiktive Figuren spielen könnten, da ihnen entsprechende Techniken und das Einfühlungsvermögen fehlen. Aus filmwissenschaftlicher Sicht interessierte uns schließlich, ob man bereits von einem Genre „inklusiver Film" mit einer eigenen Ästhetik sprechen kann. Um die Antwort vorwegzunehmen: Es gibt dieses Genre (noch) nicht und selbst die Frage danach wurde von einigen Befragten als abstrus empfunden.

Auf den folgenden Seiten sind nun die Antworten zu lesen, die uns 14 Regisseur:innen und eine Produzentin gaben, die wir auch als Personen kurz vorstellen. Die Interviews und Fragebögen sind nach den Produktionsländern der Filme geordnet. Die Handlungen der 17 Filme – mit zwei Regisseuren haben wir gleich über mehrere ihrer Werke gesprochen – werden ebenfalls kurz beschrieben. Im Anschluss an das letzte Interview findet sich ein Epilog, gewissermaßen als Klammer für beide *Gemeinsam/Together*-Bände: Überlegungen zu den verschiedenen Möglichkeiten und Grenzen der beiden Medien Theater und Film, Menschen mit „geistiger" Behinderung darzustellen und künstlerisch zu Wort kommen zu lassen.

Wie im Vorgängerband wurden auch im vorliegenden Band *Gemeinsam/Together II* die Antworten auf unsere Fragen soweit wie möglich in ihrer Originalform belassen, sprachliche Diversität inbegriffen. Besonderen Dank schulde ich für vielfältige Mithilfe bei der redaktionellen Bearbeitung aller Beiträge meiner Wissenschaftlichen Mitarbeiterin Dr. Soledad Pereyra. Für Recherchearbeiten und Hilfe bei der Durchführung der Interviews danke ich Elena Escudero und Aurora Marconato. Um die vielsprachigen Transkriptionen der Zoom-Interviews haben sich Martha Ehrtmann, Christoph Joppich und Aurora Marconato verdient gemacht; von ihnen stammen auch die Präsentationen der Filme, der Regisseur:innen bzw. der Produzentin sowie die Angaben zum Film, die den Interviews und Essays jeweils vorangestellt sind. Eine kritische abschließende Lektüre erfolgte durch Verena Schmöller und Viktoria Geldner, eine sprachliche Revision der englischen Textteile durch Kshitij Pipaleshwar, denen ebenfalls gedankt sei. Der größte Dank gebührt allen interviewten Personen. Wir haben viel aus den Gesprächen mit ihnen gelernt.

Susanne Hartwig (Passau im November 2022)

France

Les Oracles (2019), *Œdipe* (2018), *Sphinx* (2021), Tito González García

Production	Direction/Script: Tito González García Production: Tamara Films
Language	French
Main Casting	Théo Kermel
Film Genre	Shorts, Drama

Synopsis

The French short films *Oracles*, *Sphinx*, and *Œdipe*, chronicle the life of Œdipe, a young man with Down syndrome. The films are a contemporary take on the Greek mythological figure Oedipus. The first film follows Œdipe as he embarks on his journey to Oracle of Delphi while second film depicts his quest to free Thebes from Sphinx. The third film delves on his backstory and crucial life moments – his birth, expulsion, marriage with his mother and the murder of his father.

Les Oracles follows Œdipe's journey to the Oracle of Delphi. He appears on the screen dressed in motorcycle gear on his bike over a snowy road. At a clearing, he stops, pauses and looks at the trees near him. The scene jumps to a still life consisting of a blue candle, a blue skull, and a blue hourglass fabricated by a 3D printer, located in a white void. Suddenly, Œdipe is also standing in the empty space. He wanders around, limping clumsily and finally meets the Oracle, two older men in suits. They are discussing time and space over a spoonful of red soup. Œdipe approaches them, and the two of them lead him further through the room, passing, among other things, the 3D printer that is printing the skull to the "slide," a picture that shows trunks in a forest. Finally, the two men sit down, and Œdipe lies down in front of them. Between them is the red soup in which an eye-like object floats. Œdipe questions them on the identity of his mother and father. Suddenly, blue light fills the room, the two men smear blood on their faces and a life-size eye appears next to them. They prophesise: "You will kill your father and marry your mother." Œdipe wakes up, the blue light is gone, and the room is white again. He gets up, picks up his helmet and returns to the "foil," which now shows the underside of an uprooted tree. Suddenly he is back in the forest, as shown in the beginning of the film. He gets on his bike and rides off.

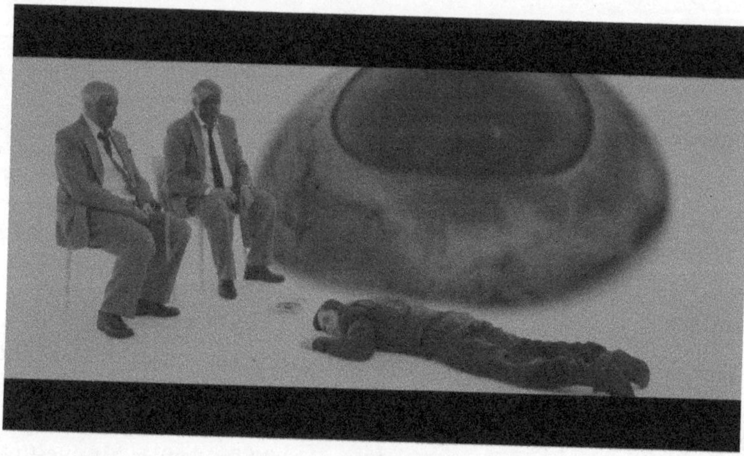

Fig. 1a: *Les Oracles*, 2019 © Tito González García

Sphinx showcases the confrontation between Œdipe and the Sphinx. In a montage with glimpses from the future, a young man is seen gearing up to fight the Sphinx, shouting repeatedly: "I'm going to fuck her." A shot of his corpse suggests that the Sphinx killed him. Scene shifts and Œdipe reaches Thebes. He enters the building the monster resides in and after a few bureaucratic checks (contractual consent, transfer of his "voucher" to his supposed mother, his last supper), he is finally led to the roof. The sphinx has her back to him, does not react to his entrance and seems asleep. The night passes. When the sphinx wakes up, she laughs for a few minutes. She is depicted as a drag queen in a costume with feathers and fur. When she catches the sight of Œdipe, she enquires if he has been watching her for long. Wordlessly, he goes over to her and combs her hair with a comb he received from a guard. She sings an opera style musical number on the fluidity of gender and the necessity of death. The song culminates into an oral coitus between Œdipe and the Sphinx. Later, they are shown being intimate, arm in arm, and Œdipe manages to answer Sphinx's question liberating Thebes. Œdipe is told that he is to marry Queen Jocasta. He calls his foster parents, who do not answer. It is insinuated that they are having sex.

Fig. 1b: *Sphinx*, 2021 © Benjamin Louet

Œdipe does not follow a single linear narrative; instead it showcases different elements of the Oedipus myth. In the first scene, Œdipe and his daughter Antigone visit an elderly couple to cure a woman of plague. Œdipe is already blind at this point. The film jumps to Œdipe's birth; his mother, Jocasta, is shown delivering him in a rural stone hut. His father, Laios, hands the baby to another man, who later abandons him. This is followed by the wedding of Jocasta and Œdipe, which is staged as a shamanic ritual. The scene ends with them consummating the marriage. The next scene introduces the story of Chrysippus, a young boy who is assaulted and raped by Laios. As Chrysippus' father learns of this, he curses Laios and all his descendants. This conflict is the core of the story, setting off a series of events that unfold later. In another glimpse into the future, we witness Jocasta hanging herself, probably after learning of Œdipe's origins. She is seen wearing golden needles which morph into two snakes. When Œdipe sees his mother, he panics, and it is hinted that he used these needles to gouge out his eyes. Œdipe is also seen wearing those needles in the earlier films. The movie ends with Œdipe entering a dark stage, wearing cloak and crown symbolizing king of Thebes, receiving loud applause from the audience. This jumps to a young woman entering the exact location with the same clothing in bright light; Œdipe is gone, and the audience as well. The stage and some short backstage scenes from before seem out of context and do not fit into the narration of the Oedipus myth.

Fig. 1c: *Œdipe*, 2018 © Tito González García

Tito González García

Tito González García is a photographer and cinematographer born in France in 1977. He studied philosophy at Valparaiso in Chile and the Sorbonne in Paris. He directs, edits and films, shorts, and mini-series. His work is distributed and telecast globally and met with critical acclaim in the international film festivals. In 2012 and 2016, he produced two experimental films, *Etre Rêvé*, set and shot in Paris, and *Los Soles Vagabundos*, a fiction set in Chile and projected at the Cineteca Nacional. In 2016 he also produced a documentary, *Deserto do Deserto*, shot in the Sahara Desert with a Brazilian TV channel. In 2018, he won a subvention at the Clermont-Ferrand festival for the realization of the short *Œdipe*, his production involving actors with cognitive disabilities. The grant allowed the development of a trilogy, with the production of *Sphinx* (2020) which was presented at the Clermont-Ferrand festival the following year, and *Oracles* (unpublished). He works with Tamara Films (French production company) on feature-length film projects.

González is also involved in visual arts projects. Along with Chilean visual artist and taxidermist, Florencia Grisanti, he founded Ritual Inhabitual, an artist collective (http://www.ritualinhabitual.com/). Their work relates to the worldview they share; understanding that vegetables, minerals and animals appear to exist within a series of correlations. In 2022, they released their first photobook published in France by Actes Sud during the opening of the Rencontres internationales de la photographie d'Arles 2022 with the eponymous exhibition "Geometric Forests: Struggles on Mapuche Land".

Miren cómo trabajan bien. Entrevista con Tito González García (30 de marzo de 2022)

¿En qué producciones cinematográficas ha adquirido experiencias con personas con discapacidad cognitiva, si hay otras producciones?

Tito González: El primer trabajo que hice fue *Œdipe* y luego decidimos continuar y se hizo el trabajo con los actores en Polonia, que fue la segunda parte que se llama *Les Oracles.* Gracias a *Œdipe* tuvimos un premio en el Festival Internacional de Cortometrajes de Clemont-Ferrand de 2018, que era dinero para hacer una nueva película. Y ahí estructuramos *Sphinx.* Pero la verdad es que inicialmente teníamos un proyecto de largometraje que fue difícil de montar y terminamos por hacer esta trilogía de cortometrajes.

Cuando empecé a trabajar sobre *Œdipe* me pareció que, de cierta manera, había que hacer un homenaje al teatro por dos razones. Uno, que a mí el teatro me había llevado a estos actores, porque yo trabajé con Philippe Flahaut y él fue el que me inició a este trabajo. Como la trilogía parte de una obra original teatral, *Edipo Rey* (Sófocles), quería hacer un homenaje a lo que para mí era el teatro, y de lo que para mí significaba Tadeusz Kantor, que era un director de teatro polaco. Él ha hecho unas obras que a mí me impresionaron mucho y de las que siento que yo estoy muy influenciado.

Kantor tenía dos actores que eran gemelos. Cuando actuaban en sus obras, para mí, estos actores tenían algo como de oráculo porque era como una sola persona, aunque eran dos. Cuando pensé en quién podía ser el oráculo en el texto clásico de Sófocles, que es un personaje muy fuerte, dije que debían ser estos mellizos. Encontramos a los mellizos que estaban aún vivos y que trabajaban tallando diamantes. Tenían un negocio en Cracovia, Polonia, de talladores de diamante, y nunca más actuaron desde que murió Kantor. Mandé a una amiga polonesa que vive allí, los contactó y les preguntó si querían actuar en alguna película o corto. Dijeron que querían conocerme y fui. Y dijeron que sí. Entonces organizamos todo para traer a Théo Kermel. Los gemelos tenían más de ochenta años y no se iban a mover de Polonia, ni de Cracovia. Entonces yo dije: "Vamos a Cracovia." Arrendamos un estudio y se hizo todo en un estudio en Cracovia. El teatro de la "Cricoteka", que se ha transformado en un museo de la obra de Kantor, que también fue artista plástico, nos ayudó bastante en el lazo con estos dos actores gemelos. Fuimos con Philippe Flahaut, el nuevo director de la compañía y Theo, los tres, y una traductora. Así fue ese proyecto.

Œdipe fue un trabajo de los más interesantes a nivel de aprendizaje. Lo podría considerar como el verdadero trabajo porque eran todos discapacitados.

¿Cómo se realizó el casting? ¿Qué formación tenían los actores?

Tito González: El teatro Création Éphémère tiene un programa en el verano de un *stage* [una pasantía] de quince días que se hace en el mes de julio en dónde cualquiera puede inscribirse que viva en una institución y con una discapacidad. Es una formación de actor que dura quince días. A veces se repiten las personas que hacen los *stages*, pero también viene gente nueva. Pero no son los actores de la compañía. Están los actores de la compañía, porque siempre quieren estar, pero esos quince días es abierto. El que se inscribe se inscribe. Esto se inició porque Philippe Flahaut me dijo "¿Por qué no haces un *stage* de actor con lazos con el cine y la relación con la cámara?" Esa era la idea inicial.

Yo le dije que no quería hacer ningún *stage*. Quería hacer una película directamente. Elegimos *Edipo* porque ellos habían trabajado con un texto *Edipo* de un francés que se llama Eugène Durif. Hicimos trabajo teórico y práctico en el teatro durante tres días, dónde hicimos trabajo de plató clásico, de entrenamiento de teatro. Repartimos los personajes y al cuarto día salimos. Probamos los *costumes*, había un *costumier*. La primera semana sirvió para estructurar todo lo que íbamos a hacer y la semana siguiente filmamos todo cerca del teatro.

Escribió el papel para cada actor?

Tito González: Esa película es muy simbólica. Trabajé con la idea de *tableaux* y los fuimos construyendo. Por ejemplo, a partir de la muerte de Yocasta. Lo fuimos fabricando juntos, pero primero hicimos un trabajo general. A mí me interesaba entender cómo ellos veían la idea de trabajar sobre este mito. Hubo muchas interrogaciones sobre qué representaba para ellos la historia de Edipo, qué sentían, si había algo de su propia historia personal que les hacía pensar en esta historia. Eso fue interesante porque cada uno contó historias, a veces muy íntimas, incluso sobre la relación entre el padre y la madre. Bueno, los griegos son bien especiales, es un texto muy fuerte, es incesto y mentira y abandono. Cada uno tenía una relación completamente diferente y, por ejemplo, la actriz que actuaba Yocasta dijo que estaba muy contenta de actuar en este proyecto porque le gustaba ser la reina, que le gustaban los trajes, que le gustaba el hecho de representar a una princesa que en realidad era la reina de Tebas. Entonces cada uno tenía sus motivaciones completamente diferentes. Théo contó una historia con su padre que ya murió. Yo tenía ganas que nos metiéramos en el tema de la tragedia e independientemente de eso, en los ejercicios técnicos muy teatrales, de actores de teatro normal, en el sentido físico, en *training*, digamos.

En la semana siguiente fabricamos la escena *in situ*, o sea, con el decorado, con el vestuario directamente y ahí hicimos la escena. Cuando no funcionaba cambiamos los diálogos, o sea, adaptamos cada uno de los cuadros a la experiencia que enfrentamos. Algo muy diferente de *Sphinx*, en el que está todo escrito. Son dos maneras rotundamente opuestas de trabajo.

¿En *Sphinx* entraban también las ideas de los actores?

Tito González: No. Lo que entra siempre es el trabajo frente a la cámara. Pero el contenido no, porque he tenido un marco de producción de cine clásico. Significa que hay que correr contra el tiempo y contra el dinero. Como *Sphinx* era un episodio muy claro de la tragedia, la llegada de Edipo a Tebas y el enfrentamiento con el monstruo, tenía que estar todo muy organizado. Eso es una adaptación literaria y concreta. No es una experiencia visual. La experiencia visual llega después.

En el caso de *Les Oracles* pasó algo maravilloso que ligo un poco al trabajo con la discapacidad. Los mellizos tienen Alzheimer. A uno de los dos le costaba mucho recordar el texto, pero como son hermanos y siempre han vivido juntos, el otro lo apoyaba y lo ayudaba. Resulta que ese texto hablaba de la memoria. A parte, mi problema era que no hablaba polonés y que tenía que estar con un traductor. Entendía que uno de los gemelos no lograba decir el texto y que se ponía nervioso. Pero apareció una cosa muy poética: repetía la única frase que se sabía y que tenía que ver con la memoria. *Les Oracles* es una película mucho más críptica, pero el resultado fue ver la memoria desvaneciendo directamente frente a la cámara. Eso fue para mí una de las experiencias más lindas que tuvimos. Mostré la película en Alemania en el festival No Limits, en Berlín. Mi idea era hacer algo en Polonia, en Cracovia. Pero después llegó el Covid.

El trabajo con actores con discapacidad cognitiva ¿es un trabajo diferente? ¿Cuáles son sus experiencias?

Tito González: La experiencia concreta con el film dónde todos eran discapacitados era adaptarse a las realidades del cuerpo médico, no sé cómo decirlo, de los acompañantes que están con ellos. Porque como era un marco profesional, la institución en Francia está muy presente en el sentido de que las personas con discapacidad tienen que ir acompañadas por un *educateur* que tiene que estar al corriente de cada uno de las dosis de medicamento que se tiene que tomar cada uno de ellos. Porque ellos todos vienen con una batería de medicamentos. Entonces la verdad es que las dificultades surgieron más bien con la institución que con ellos. Por ejemplo, el marco temporal, el tema de los horarios es muy fijo porque después del rodaje, los asistentes llevaban a los actores todos a dormir como a un hotel. Yo tenía que estar pendiente y atento y preguntar por el horario, porque no era libre. Luego el tema de los medicamentos, insisto un poco en eso, hace que, en un cierto momento del día están más frescos que en otro momento del día y más distanciados en otro momento, según la toma del medicamento. Tuve que adaptarlo todo, saber lo que funciona mejor por la mañana, no cansarlos tanto, procurar que la persona que está a cargo esté tranquila… Muchas veces los acompañantes son más complejos que las personas con las que estás trabajando. Esa fue la experiencia más desconocida a nivel técnico.

Y después a nivel profesional creo que todo lo que uno busca en un actor sin discapacidad, ello lo tienen casi automáticamente. Quiero decir que, en el fondo, me da la impresión que el trabajo actoral se basa sobre la capacidad de estar presente en el momento exacto del aquí y el ahora. Entonces mucho tiempo se pierde cuando el actor está buscando concentrarse para poder estar sin la idea de qué él mismo está haciendo y por qué lo está haciendo. Mi experiencia es que las personas con discapacidad siempre están presentes o no están, pero si están es enteramente aquí, completamente aquí y ahora. Lo cual facilita mucho el trabajo. También se generan a su vez algunos aspectos técnicos difíciles de hacer funcionar como el clásico plano-contraplano cinematográfico en el que uno tiene que repetir exactamente la misma cosa porque tiene que montar sin fallos de grabación. Eso lo abandoné desde un principio. El caso de Théo es muy especial porque él tiene una comprensión total del funcionamiento de la cámara. Entonces sí se puede hacer varias veces la misma toma, pero no era el caso del resto. Entonces tomé la decisión desde un principio de utilizar el plano fijo. Por eso es un trabajo muy pictórico en el caso de *Œdipe*, la primera película, que es la más fuerte visualmente, creo yo. Y luego traté de repetir eso en *Sphinx*, pero de manera más estructurada. Una estructura en la escritura ya, antes de la experiencia. Por eso la película tiene esa lentitud, esa distancia. La diferencia es que filmé *Œdipe* yo mismo. Estaba sólo con la cámara, con una máquina fotográfica. Entonces hay una presencia física de la cámara que es más fuerte que la frialdad de la Esfinge. Esta tiene como esa distancia, me parecía importante porque es difícil de hacer creer que un monstruo vestido de pluma *queer* es un verdadero ser fantástico. Podría haber trabajado en 3D, podría haber elegido cosas más creíbles. Pero decidí incluir a este bailarín increíble con el cual tenía muchas ganas de trabajar. Y de trabajar con la taxidermista que hizo ese traje increíble. Asumir eso me pareció que lo más simple era tener una distancia.

El ambiente en el set ¿fue distinto de otros rodajes con actores sin discapacidad?

Tito González: Para mí era una experiencia humana, primero que nada. Los actores eran todos muy espontáneos y hay mucha fantasía sobre lo que es el cine. Normalmente las ideas que te haces sobre el cine transcurren durante tu formación. Ellos vinieron con una idea y, por ejemplo, estuvieron desilusionados de que yo filmara con una cámara pequeña. Decían: "Y esta cámara ¿por qué tan chica? ¿Y con esto vas a hacer la película? No, esto no es profesional." Tenían una idea sobre lo que era profesional y lo que no era profesional. Fue muy divertido que cada vez volvía esta cosa. El 70 % de los que estaban ahí tenían una visión del cine como de Hollywood. El cine más *James Bond* con explosiones etc. Creo que estaban un poco desilusionados. Mucho después, cuando quedamos seleccionados en un festival y se encontraron en una sala del festival tenía con como 4.000 personas tenían la sensación "de estar realmente en el medio del cine." Pero no así en la fabricación. Tenían una experiencia de actores de teatro – el teatro en Francia tiene una especie de nobleza intelectual – y la compañía trabaja con textos de autores vivos en un teatro pequeño en condiciones de trabajo autoral. No es así con el cine.

En el teatro se sabe dónde está el público y quién está mirando. En el cine, el trabajo es mucho más fragmentario. ¿Cómo fue este paso del teatro al cine para los actores?

Tito González: Le debo mucho a Philippe. Tuve la suerte de ser libre, pero él estaba conmigo y me ayudaba a ver cuáles eran mis límites como realizador. Yo estaba esperando que alguien me pusiera los límites porque no tenía la experiencia trabajando con actores así. Mi primer punto fue hacer un trabajo de forma normal y Philippe me tenía que decir: "No, ahora vamos a hacer una pausa." Él me dijo en el principio una cosa que yo no vi y que me iba a causar problemas. El problema de la mirada en el cine es una regla papal. No se debe mirar al que está haciendo la película. El problema es que a muchos de los actores les interesa más ver que si está el sonidista etc. Entonces perdemos la presencia del personaje por la realidad del entorno. La mayoría de los actores tienen la mirada a cámara y no se les puede sacar. Creo que no hay que hacer nada en contra de eso porque vas a pasar horas en tratar de obtener algo que no va a ser bueno. Que no es interesante y, finalmente, no importa.

En algunas producciones las personas con diversidad funcional cognitiva miran hacia otro lado o se echan a reír. Entonces se nota que están virtualmente en un escenario y no en el contexto de la película. No imaginan este espacio.

Tito González: Exactamente. Es una cosa de conciencia que tienen que integrar. Mis actores eran muy profesionales y tenían mucha experiencia teatral. Por ejemplo, hay una escena de sexo que hicieron con una concentración absoluta. También creamos condiciones para que los espacios fueran respetados. Había muy poca gente en el set y ellos se concentraban. Luego me dijeron: "Sabes qué, esto lo queremos hacer de nuevo." Me pasó un par de veces en *Œdipe*.

¿Se criticaron las escenas de sexo? Porque a veces el público dice que no se puede hacer eso con gente con discapacidad.

Tito González: Personalmente sé que lo hablaron porque me llegaron comentarios así. Pero esa película tenía una nobleza simbólica que no les permitió entrar mucho en esa discusión. En el fondo había como una suerte de justificación poética.

El problema que tuve, otra vez, fue con la institución. Ellos quisieron leer el guion. Muchos actores viven en instituciones con un director que dice que sí o que no. Hay un equipo y lo conversan. Entonces ellos me pidieron el guion. Problema: en ese caso trabajo sin guion. Pero mandé un guion en el que había una escena con un personaje femenino que tenía que bañarse desnuda dentro de una tina. Estaba en su casa tomando un baño. Ellos me dijeron que la persona no podía estar desnuda. Ahí empezamos a entender que no había que dar guion porque no iba a funcionar. Luego pasó algo increíble. Hicimos la escena del baño y esta mujer no se había bañado en una tina como en 30 años. Para ella fue una relajación del cuerpo ligada al agua caliente, al lujo de tener una bañera y en una casa increíble. Entrar al agua y darse el placer de estar con el jabón… A lo mejor fue un imaginario sacado de la televisión, del lujo y del bienestar y ella después lo habló durante mucho tiempo. A veces no ponemos los problemas en los buenos lugares. ¡Si gracias al cine una persona se puede tomar una tina! Donde ella vive hay una ducha de mierda de un metro por un metro, arquitectura médica. Los inquilinos no tienen acceso a una tina porque nadie los ayuda a subirse. Creo que el hacer una película te ayuda a vivir esa experiencia. Para mí fue la experiencia más fuerte.

¿Cuál fue la cosa que más le sorprendió?

Tito González: Que el proyecto acabara siendo una verdadera película. Creo que el resultado fue lo que más les sorprendió. A las familias también.

¿Y cuál fue la cosa que más le sorprendió respecto a los actores?

Tito González: Son dos cosas: uno, el hecho de estar aquí y ahora. Y otro, que está ligado a eso, es que cuando dices corte, es corte. Pueden ir a jugar o a rellenar un sudoku. Olvídate de conversar sobre qué te ha parecido la escena. No. Esos pasos son a la vez muy fuertes y muy inaccesibles. Nosotros la gente sin discapacidad somos incapaces de pasar a otra cosa así con esa velocidad y con esa sinceridad. Eso me pareció lo más fuerte porque para mí es la verdadera diferencia. Que están tan ahí, que entre un punto y otro no hay conexión real. Lo que podría pasar en el teatro como una falta de respeto. Acabamos de hacer una escena en la que todo el mundo está llorando y después vas a comerte una pizza y tomarte una coca cola. Eso me pareció muy fuerte, muy interesante y un gran aprendizaje también.

¿Recuerda algunas reacciones del público sorprendentes o inesperadas?

Tito González: *Œdipe* es una película más "de autor", que es una palabra que no significa nada pero que sí hace diferencia. Con esta, de partida, pierdes una parte del público. No todos son sensibles a trabajos como estos. Yo no voy a hablar de esa parte de la gente porque en el fondo no tengo acceso ahí. Pero dentro de los que sí les interesa, creo que el hecho de elegir actores discapacitados para actuar de roles de no discapacitados fue lo que más llamó la atención. En el fondo es Edipo. Es un héroe. Es un semidiós. Al elegir sobre todo a Edipo y Yocasta el tema de la discapacidad resultó muy poco presente. Pensé que lo iba a ser más. ¿Qué es una figura heroica? ¿Cómo puede ser un héroe mitológico? Él era el héroe, no había duda al respecto. Muchos dijeron: "Qué fuerte el actor!"

Uno, hicimos una película con la idea de decir: "Miren, actores discapacitados existen y los tienen que poner en sus producciones. Miren cómo trabajan bien." Mostrar las capacidades del trabajo de ellos. Y dos, el sentido de la historia deja un poco de lado el hecho de que sean discapacitados o no porque nos concentramos en el resultado de la historia: Edipo, vida difícil de una tragedia horrible sobre una existencia terrible. Y él tiene una fuerza, una calma… Théo vistió el personaje de tal manera que ya no había la conversación de quién era él.

Es una de las pocas películas en las que una persona con discapacidad cognitiva aparece en un contexto heroico clásico. ¿Cuál es el contexto adecuado para personas con discapacidad? ¿La comedia o la tragedia?

Tito González: El tema es que el cine se inscribe en su propia historia. También somos nosotros solamente obreros de una línea que se habla entre sí, en otros tiempos, con otros directores que han hecho otras cosas. Existen ejemplos de películas o de directores a quienes ha gustado trabajar con gente fuerte, sobre todo en Italia. Pienso evidentemente en Pasolini, en Fellini, en gente así. Trabajan con personajes surrealistas. Por ejemplo, en el documental *Las Hurdes. Tierra sin pan* de Luis Buñuel [Spanien 1933], donde está este pueblo perdido en Extremadura, donde la gente es consanguínea y a unos los abandonaron. Buñuel sabe que esas figuras son casi mitológicas. Entonces hay directores que se han inscrito en esta corriente. Como cuando uno hace una película con un travesti, a la gente le recuerda a Almodóvar.

Creo que uno de los riesgos principales es que por elegir un actor discapacitado uno se inscribe automáticamente en la estética de esos directores que quieren tener la cara rara para hacer una película rara, como una fuerza, un arma. Para salir de ahí: actores increíbles, vestuario increíble, cara increíble = historia rara, hay que trabajar más. Difícil. Mucha gente piensa automáticamente en la historia rara. Hay que lograr que el espectador entre absolutamente en la historia para que no reflexione en cómo está hecho, sino que se deje llevar por lo que están contando. He visto muchos documentales paternalistas, particularmente con las personas con síndrome de Down.

¿Cree que existe un "cine inclusivo"?

Tito González: Creo que no existe el cine inclusivo, pero porque no se ha dado la oportunidad de conversarlo. Porque hay como una capa de injusticias que han tenido que ir cayendo una a una. Primero los negros, después los indios, de ahí las mujeres. Digamos que, dentro de estas capas, según yo, la discapacidad está relegada a la pieza realmente del fondo. No hay ni siquiera discusión al respecto. Creo que la cuestión de la discapacidad es como la cuestión por lo humano y lo no humano, por si los discapacitados entran dentro de lo humano. No se lucha por una inclusión general. Es solo una lucha por la inclusión comunitaria y nace o por el sentimiento de culpabilidad del victimario, o por la necesidad de venganza de la víctima. Pero no se piensa nunca en los otros, en gente que no sea común, digamos. Siento que está bloqueada la discusión hasta que hablemos de comunidades como humanas.

Una de las cosas más increíbles fue lo que me contó Philippe en un viaje con Théo. En el avión le dice: "Théo, sabes que están desapareciendo los síndrome de Down? Porque no los dejan ni nacer. Porque te hacen una radiografía y te dicen que no tengas el bebé con síndrome. Entonces hay cada vez menos." Entonces se queda pensando y dice: "¿Crees que se podría hacer una manifestación en contra de esto? No. Yo voy a hacer una performance y voy a salir a la calle." Y empezó a inventar un acto político diciendo que no quiere que desaparezcan los síndrome de Down, lo cual me pareció fantástico. Él tiene sus propios temas comunitarios, digamos.

¿Puede hablarnos de más problemas concretos?

Tito González: El tema más complicado en este trabajo es la plata. Porque no tienen derecho a administrar su dinero. Entonces imaginas a un actor que gana 2.000 €, 3.000 € al día, esos son los precios que se manejan en el cine. Tiene 27 días de rodaje. Sale con 60.000 €, pero depende de una persona que le diga qué es lo que puede hacer él con sus 60.000 €. No puede ir y decir que va a comprarse unas películas pornográficas o que va a comer pizza. Bueno, es un tema complejo, la administración del dinero. ¿Quién dice que ellos no tienen la capacidad de administrar su propio dinero?

Es verdad que no hay que mentirse. La discapacidad existe y que no es una fantasía. Creo que es muy grave decir que son totalmente como nosotros, como una persona normal. Creo que hay que reconocerlo, hay una diferencia. Pero hay temas en los cuales no hay conversación. ¿De qué me sirve hace trabajar a los actores si después no puede cobrar su plata? Me sirve a mí. Pero a él, ¿qué le sirve? Podría servir a su bienestar, lo qué decíamos antes, a sentirse útil, tener un lugar en la sociedad, estar reconocido por sus capacidades de trabajo. En lo concreto el cine es un negocio como cualquiera. Se trata de ganar un sueldo.

¿En qué sentido *Œdipe*, *Sphinx* y *Les Oracles* son especiales?

Tito González: Esta película no sería esta película sin la discapacidad. Un poco cliché porque pasa lo mismo con todo. Creo que, en muchos casos, puedes tomar tres actores, intentar hacer lo mismo con ellos y sale algo bien parecido. En este caso, no. En este caso la rara fuerza es que uno no va a poder volver a ello. Esta película va a tener esa individualidad. Esta experiencia no es más noble que otras. Hay proyectos más ordenados, más escritos, más pensados. Son películas buenas y la gente trabaja duro. Pero estas películas con las personas con una discapacidad son una experiencia que aporta en tu manera de tratar a los demás. Aporta al equipo y a la gente que trabaja en ella. Si haces trabajar a un actor que no es discapacitado con un actor discapacitado, se va a acordar toda la vida.

Hay un tema particular en esta película. Como yo empecé en el marco de un *stage*, no pensé que iba a ser una película. Porque en el fondo *Œdipe* es una experiencia. Fui a un centro de formación de actores profesionales con discapacidad en Toulouse, La bulle bleue [https://www.labullebleue.fr], que es el único centro de formación de actores "en situation de hándicap" [con diversidad funcional] pagados en Francia. Entran y hacen una formación, son asalariados y duermen allí. En el marco de un encuentro mostré esta película como una experiencia, no como una película. La monté para mostrarla, solamente para decir: "Hicimos esto ¿qué creen?" A la salida de la proyección eran como tres personas, no más, pero eran todos profesionales. Uno que había tenido un festival de Art Brût en Dijon me dijo: "Tienes una película. Esto es una película." Entonces el resultado del *stage* se transformó en una película cuando alguien me dijo que era una película, no cuando yo dije que era una película. Esa es la verdad. Habiamos hecho algo sin entender, ni ellos porque venían del teatro y no eran actores de cine ni yo porque nunca había vivido una experiencia así. Se transformó en una película sola.

Después escribí un largo y fui muy muy cerca de poder hacerlo. Pero el proyecto se cayó por razones económicas de producción y porque la actriz al último minuto dijo que no. Entonces terminé haciendo *Sphinx*. Ahora estoy con unos proyectos nuevos que debo a esto. En mi caso personal, le debo todo al festival. Les mandé la película por internet, pero desconfiaba en la capacidad de los comités de ver las películas cuando no te conocen. Por fin me llegó la carta y nos dijeron que habíamos quedado seleccionados, qué increíble. Ellos también contribuyeron a la visibilidad, las las plataformas de difusión son fundamentales. Si no se queda como el espectáculo de fin de año del hospital, vienen los papás y se acabó. Entonces creo que otro problema es ese. Es quién quiere difundir estas películas.

Yo también fui aprendiendo. Debo ser humilde en este punto. Al principio lo tomé todo de manera mucho más política. Aunque la película no habla de política, para mí era un acto político hacerla así con esta gente de esta manera. Fue como decir: "¿Por qué no hay más actores así en el cine?" Pero poco a poco empecé a interesarme más profundamente en el trabajo y me olvidé un poco de esto. Me hubiese encantado hacer un largometraje con todos estos actores. Creo que al final, lo único que paga realmente es la calidad del trabajo porque no es tu *engagement* [compromiso] lo que les ayuda a los actores sino la película que la gente va a ver. Independientemente de lo que diga uno, no tiene el mismo poder que lo que uno va a mostrar. Los actores mismos son los que dan a ver de qué son capaces de hacer. No es cosa mía, es cosa de ellos.

¿Tiene proyectos futuros con personas con discapacidad?

Tito González: No, en este minuto no tengo. Acabo de escribir una película sobre otro Edipo. Es una ficción y tengo que trabajar en un hospital como arte-terapeuta. El hospital de día es más bien psiquiátrico, la verdad. Escribí un documental porque descubrí a un señor sordo que vendía pájaros y sólo contrataba a sordos y a mudos. Todos amaban a los pájaros. Era divertido porque

¿cómo aman a los pájaros si ni siquiera escuchan como cantan? Era una cosa un poco poética.

¿Qué deberíamos explorar más?

Tito González: El tema de las instituciones en las que viven las personas con discapacidad es importante. ¿Cómo pueden organizarse para que nosotros podamos trabajar con los actores? ¿Por qué son tan reticentes a dejarlos salir del centro? No es tan fácil que lo vean como algo positivo. Porque siento que piensan que cuando los actores vuelven a la institución, vuelven más conflictivos, ponen en riesgo el resto del grupo… ¿Piensan que lo que han vivido esta experiencia con el cine pueden ser nocivos para el grupo? Eso habría que investigar. Me da la impresión de que podría ser un tema fuerte.

También habría que ver lo que pasa con ellos después del rodaje. Porque también existe el riesgo de un malestar o de una depresión. Hay que tener cuidado con esas. Los directores a veces no nos damos cuenta y pasamos a otra cosa. El acompañamiento se acaba en la gloria y no sé si los actores viven bien después de pasar por una excitación de este tamaño. Es un problema que todos los actores tienen, ojo. Cuando uno trabaja en un proyecto grande y después no sale nada, es super complicado.

Les enfants d'Isadora (2019), Damien Manivel

Production	Direction/Script: Damien Manivel Co-Production: MLD Films & Jeonju Cinema Project
Language	French
Main Casting	Agathe Bonitzer Manon Carpentier Marika Rizzi Elsa Wolliaston
Film Genre	Fiction

Synopsis

Isadora's Children is a story of four women protagonists, Agathe, Marika, Manon and Elsa. All four of them are at different stages in their life. The film explores the connection each protagonist feels with the dance piece *La Mère* [*Mother*], a play about grief and loss. The piece is choreographed by Isadora Duncan, widely regarded as the founder of modern dance. She choreographed the piece after the death of her two young children in a traffic accident in the year 1913.

The protagonist of the first part of the film, Agathe, is a 29-year-old dancer. She is immersed in a silent process of creative research. She reads *Ma vie* [*My life*], Duncan's autobiography and digs into the archives at the National Dance Centre de Pantin in Paris. Her painstaking research helps her understand the pain and grief of the choreographer on the loss of her children through which the work *La Mère* emerges. These resources help Agathe to interpret the piece in its entirety overcoming the block she experienced before. The second part of the film narrates the story of Manon, a 25-year-old performer with Down syndrome. She goes to Carré Magique Theatre, in the city of Lannion, to prepare for her premier performance of *La Mère* under the tutelage of Marika. Marika shares the story of Duncan's life and the pivotal traffic accident that resulted in the death of Duncan's children with Manon during rehearsals. Both women share their impressions of the story presented in the piece and moments that touched them. Under Marika's tutelage, Manon's performance improves.

Before the premiere, both head out for a day trip to a beach outside the city and Marika tells Manon of her daughter, whom she misses because she has been abroad for three years. The play premiers after a few days.

The last part of the film introduces Elsa, a 76-year-old woman. She is a part of the audience and deeply moved by Manon's performance. After the performance, she has lunch in a modest restaurant. The camera then accompanies her on her long and arduous journey back home. When she arrives at her house, she changes into comfortable clothes and lights an incense stick at a small homemade altar dedicated to her son, who died when he was still a child. Elsa then imitates Duncan's movements and silently performs *La Mère* in the living room of her house.

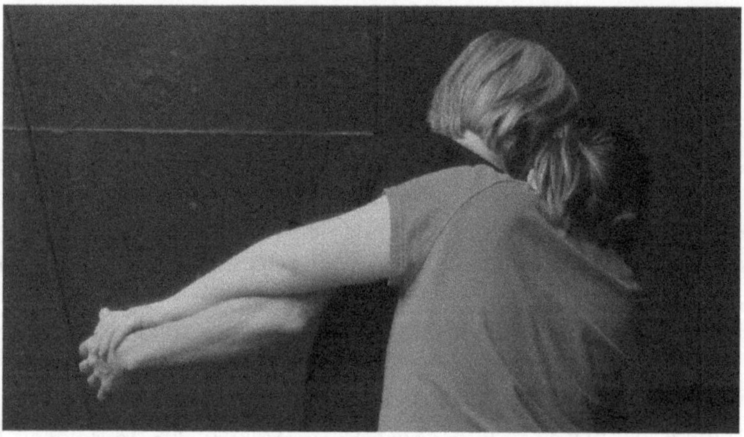

Fig. 2: Manon et Marika dans *Les enfants d'Isadora*, 2019 © MLD Films

Damien Manivel

Damien Manivel is a French director and producer. He was born in Brest (Bretagne) in 1981. He initially trained and performed as a dancer and acrobat. He went on to formally study cinema at Le Fresnoy in Tourcoing, France. His career kicked off with the realization of four short movies, among which *La Dame au chien* (2011) and *Un dimanche matin* (2012), both won awards (Prix Jean Vigo and Grand Prix Cannes critic's week). His later productions are all full-length films, mostly produced in France except one, *Takara – La Nuit où j'ai nagé*, a French-Japanese production. *Les Enfants d'Isadora* (2019) is one of his latest releases and his first and only film casting an actress with a cognitive disability. Presenting this film at the Locarno International Film Festival, he won the Best Direction award. His latest release is *Magdala*, which debuted at the Cannes 2022 Film Festival. In little over a decade he has successfully earned 13 nominations and 8 awards at different film festivals of international relevance in and outside Europe, such as the Cannes and Venice Film Festivals.

Ce qui m'intéresse, c'est sa façon de le faire. Interview avec Damien Manivel (27 avril 2022)

Dans quelle production cinématographique avez-vous eu l'occasion de travailler avec des personnes en situation de handicap mental?

Damien Manivel : La seule fois que j'ai travaillé avec une femme trisomique c'était pour mon film *Les enfants d'Isadora* qui est sorti en 2019. Le film raconte la reprise d'un très vieux solo qui a 100 ans et qui s'appelle *La Mère*. Isadora Duncan l'a composé après la mort de ses deux enfants. Quand j'ai découvert ce solo qui est à la base du film, j'ai eu envie qu'il traverse des corps différents – des femmes d'âge différent avec chacune sa propre façon de bouger.

Comment avez-vous fait le casting des actrices?

Damien Manivel : J'avais depuis un certain temps envie de travailler avec des personnes en situation de handicap en tant que metteur-en-scène, mais je ne savais pas que ce serait forcément sur ce film-là. Cela m'intéresse d'être surpris, d'aller à la rencontre d'une réactivité qui peut s'avérer différente. C'est pour ça que j'ai entrepris de rencontrer Manon [Carpentier], qui est une actrice professionnelle. Elle fait partie d'une compagnie qui s'appelle L'Entresort basée à Morlaix en France. Tous les acteurs dans la compagnie sont en situation de handicap. Madeleine Louarn s'occupe de la compagnie, ils jouent leurs spectacles à Avignon, c'est une compagnie très reconnue. La chorégraphe Maguy Marin va d'ailleurs travailler avec eux sur un prochain spectacle. Donc moi je suis allée à Avignon, je les ai vus, j'ai beaucoup accroché sur Manon que je trouve super. Après je l'ai abordée, j'ai parlé avec ses parents et puis j'ai demandé si ça l'intéressait de danser. Voilà. Elle a dit que oui et on a commencé le travail comme ça.

Manon Carpentier a apporté quelque chose à votre scénario ? Y a-t-il des improvisations ?

Damien Manivel : Le scénario a été écrit par Julien Dieudonné et moi-même. Pour la deuxième partie du film, celle avec Manon et Marika [Rizzi], on avait écrit un texte dialogué tout en sachant qu'une fois sur le plateau de tournage, beaucoup de choses changeraient. Le scénario était donc comme une trame, une sorte d'axe, de structure. Ce qui m'intéresse, c'est d'être surpris, j'ai envie de découvrir des nouvelles choses sur les gens avec qui je travaille chaque jour. J'ai envie qu'ils me proposent des idées et je travaille comme ça avec tout le monde, que ce soit une actrice en situation de handicap, des acteurs jeunes, vieux, ou un enfant. Donc, je n'ai pas changé ma méthode de travail parce que je travaillais avec Manon. J'essaie de travailler avec des gens créatifs qui n'ont pas peur d'improviser, ce qui est son cas. Souvent elle ne faisait pas exactement ce que j'avais demandé, mais elle me proposait toujours quelque chose d'intéressant, elle m'emmenait ailleurs.

Le film est une fiction, mais pour ce deuxième chapitre, j'ai travaillé dans un processus proche du documentaire. Manon Carpentier n'avait jamais vu le solo avant le premier jour de tournage. Marika le lui montre pour la première fois et notre équipe filme sa découverte. C'est donc un moment spontané et vrai. Chaque matin, je disais à Marika : « Aujourd'hui ce serait bien qu'on travaille sur telle partie du solo ou telle émotion. » Et après, je les laissais travailler et on filmait quasiment tout. Nous faisions de très longues prises – la seule règle était qu'elles ne devaient pas réagir à mes paroles pendant la prise. De temps en temps, je disais à Manon : « Tiens, tu pourrais interroger Marika sur tel sujet » ou « On pourrait refaire ce moment-là ? », mais à part ça, le processus de tournage est assez proche de celui d'un documentaire. Il s'agissait pour moi d'enregistrer quelque chose de la relation entre Manon et Marika, d'observer comment Marika lui transmettait cette danse, comment elle lui en parlait.

Elle ne devait par apprendre par cœur un texte ?

Damien Manivel : Il n'y avait pas de texte à mémoriser. De temps en temps, je lui demandais de dire un bout de phrase. Par exemple, il y a une scène ou elle regarde son visage dans un miroir dans les toilettes du spectacle. Je lui avais dit : « Tu te regardes dans le miroir et tu t'encourages. » Ce qui m'intéressait c'était sa façon de le faire. Elle s'est collée au miroir et elle a chuchoté d'une façon très particulière : « J'vais y arriver. » Ça m'a beaucoup plu et j'ai gardé ce moment-là. Je donne des indications, mais je laisse la liberté à l'actrice pour proposer quelque chose qui lui ressemble.

Qu'est-ce qui vous a surpris le plus dans la collaboration avec Manon ? Avez-vous eu de mauvaises expériences ?

Damien Manivel : Pour moi, il n'y a pas de négatif. Je suis le metteur en scène et donc responsable de tout ce qui se passe. J'ai eu des difficultés avec les rythmes de travail. Par exemple, Manon avait des moments où elle débordait d'énergie et c'était presque trop, et ensuite elle avait des moments de fatigue extrême. Donc il fallait gérer les émotions. On avait donc des moments de sieste et de repos. Quand je sentais qu'elle était trop fatiguée, on faisait une scène très douce, par exemple. Par contre, si je sentais qu'elle avait envie de jouer, on faisait une scène plus dynamique. Je passais par le biais de Marika, la chorégraphe. C'est elle qui enseigne le solo de danse à Manon, donc elle crée une sorte de relais à l'intérieur du film, elle a une grande responsabilité. La situation du film est authentique parce que Marika est vraiment en train de transmettre le solo à Manon.

Que pensez-vous du fait que de nombreux spectateurs pensent que les personnes en situation de handicap ne peuvent jouer qu'elles-mêmes ?

Damien Manivel : Je ne crois pas que ce soit vrai. Dans mon film, il se trouve que Manon joue Manon, je ne lui ai pas proposé un rôle de composition. Mais j'aurais très bien pu faire un film dans lequel elle incarne un personnage fictif. Il n'y a absolument aucun problème, bien au contraire. Elle peut apporter beaucoup de créativité et de fraîcheur à un rôle, quel qu'il soit.

C'est aussi la faute du cinéma si les gens pensent de travers. Le cinéma présente toujours des gens très normés, trop consensuels, trop beaux. Il y a un manque total de diversité dans le cinéma industriel, même quand il intègre des profils différents. D'une certaine façon, il les transforme toujours en clichés, cherchant la rentabilité avant tout. Je pense que le vrai problème se trouve dans la représentation cinématographique et non pas chez les spectateurs qui sont intelligents et sensibles.

Avez-vous des expériences particulières concernant les réactions du public ?

Damien Manivel : Je laisse le spectateur avoir sa propre interprétation et ses propres émotions par rapport au film. Donc il y a des réactions très variées : des gens qui sont très touchés et aussi des gens qui n'acceptent pas ma proposition. J'ai eu une réaction étrange et violente sur le personnage de Manon, une femme qui me disait qu'on ne peut pas travailler comme ça avec une femme handicapée étant donné que c'est un solo tragique qui raconte la mort des enfants, etc… Pour moi, c'est absolument incompréhensible. Cette personne croyait sans doute défendre les personnes handicapées contre une manipulation, mais en fait, elle fait exactement l'inverse, elle met une barrière. Je ne problématise pas la question du handicap. Le handicap est présent parce que Manon est en situation de handicap, mais c'est tout, il ne faut pas chercher plus loin.

Les personnes en situation de handicap mental développent-elles leur potentiel d'acteur plutôt dans des contextes comiques ou tragiques ?

Damien Manivel : Je n'ai pas d'opinion sur ça, je pense qu'ils sont capables de tout jouer. Et ensuite, cela dépend de l'œuvre et surtout de la relation avec le metteur en scène. La question est plutôt : Qu'est-ce que les spectateurs sont capables de recevoir? Moi, je pense qu'ils sont capables de tout recevoir, eux aussi.

Croyez-vous qu'il existe un genre « film inclusif » ou « ciné inclusif » ?

Damien Manivel : Non, et surtout pas dans le cinéma purement commercial. Ce genre de cinéma est très consensuel et ne veut choquer personne. Par contre, dans le cinéma indépendant, artistique, il y a plus de possibilités. Je crois que l'inclusion est plus développée dans le théâtre et dans la danse.

Théo et les métamorphoses (2021), Damien Odoul

Production	Direction/Script: Damien Odoul Co-Production: Kidam
Language	French
Main Casting	Theo Kermel: To/Théo Pierre Meunier: The father Ayumi Roux: The ninja Louise Morin: The emperor
Film Genre	Drama
Internet	https://www.damienodoul.com/

Synopsis

The film is Theo's story, a young man with Down syndrome who lives with his father in a house located in the middle of a forest. The story showcases Théo's inner journey as his father leaves their house for a few days. The journey is divided into six chapters and is narrated by Théo's voice-over, which is superimposed on images of his experiences and reflections. The story oscillates between imagination and reality, as the visuals on screen represent events in Théo's mind but are staged as real events.

The six-part-journey begins with Théo explaining, his aspirations and his training to become a samurai. When his father leaves, he imagines murdering him, making him disappear through his autohypnosis-sessions. Then Théo meets a snake, who helps him catch the mice in the house. As he continues to meditate, he imagines himself as the protagonist in a ninja movie while his antagonist, a female ninja beats him up. This experience drives Théo into abandoning his desire to become a Samurai. He now aspires to become "a great lover". Sitting in a tree house, his snake transforms into a woman, wearing a t-shirt with snake-print. They explore each other's body, apply make-up on Théo's face as he dresses in her clothes. His father's return distresses him but he continues with his meditation sessions. He reflects on god "Shiva Nataraja" and the joy of nothingness. Later he meets a stranger, who shares a nightmare with him. This impresses on Théo a need to change, to transform himself, daring "the risk of complete imbalance", as he says. He goes into the forest and finds a woman sleeping on the ground. Théo also lies on the grass, a mental connection between both is hinted. The woman starts masturbating. Once she achieves climax, Théo stands up and goes away. He runs with a wolf head costume on his shoulders. He howls as the ravenous hunting dogs are held back by hunters. He looks a boar in the eye.

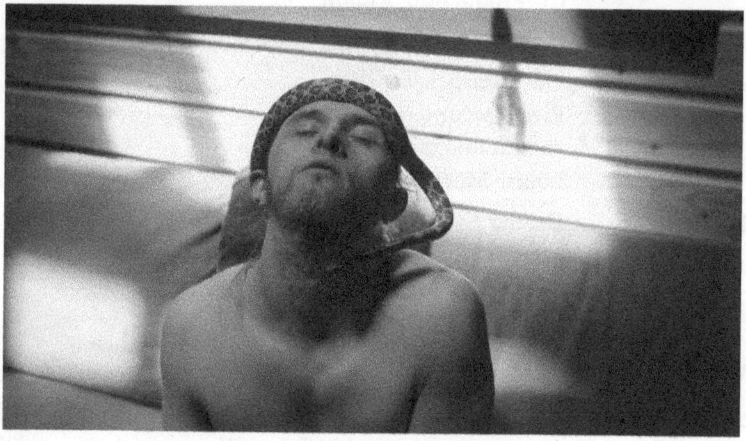

Fig. 3: *Théo et les métamorphoses*, 2019 © Damien Odoul

Damien Odoul

Damien Odoul, born on March 15, 1968 in Puy-en-Velay, is a French filmmaker, artist and poet. He directed his first feature film, *Morasseix*, at the age of twenty-three, in which he played the role of César. Produced by Patrick Grandperret and co-produced by La Sept-Arte, the film was selected for Venice Day in 2004. *Le Souffle*, his second film, was awarded the Grand Prix du Jury and the Fipresci-prize at the Venice Film Festival in 2001 as well as the Michel-Simon-prize. In 2002, he shot *Errance*, which was presented at the Toronto International Film Festival. His fourth feature film, *En attendant le déluge*, was selected for the Quinzaine des Réalisateurs in Cannes in 2004. At the same time, Damien Odoul wrote his first two collections of poems before devoting himself to *Poèmes du milieu, 1 à 39*, which he performed on France Culture (as part of the radio creation workshop).

In 2009, *La Folle Parade*, a creative documentary filmed over three years with mentally handicapped people, was broadcast on France 2 (in the program

“Histoires courtes”) during an evening dedicated to him. In 2010, he finished *Poèmes du milieu, 40 to 88*. A reading took place at the Théâtre des Bouffes du Nord as part of the Festival Paris en toutes lettres, and at the Festival d'Avignon in 2011, as well as at the Centre international de poésie of Marseille in 2012. In 2011, he created and directed the play *Méfausti* at the Théâtre des Bouffes du Nord, freely adapted from Christopher Marlowe's *La Tragique Histoire du docteur Faust*. In 2015, the filmmaker completed *La Peur*, freely adapted from the novel by Gabriel Chevallier, which won the Jean-Vigo-prize the same year.

In 2016, he exhibited “Les Visions”, photographs and videos at the Galerie Laure Roynette. He also produced two documentaries directed by his partner Marie-Eve Nadeau, presented at the World Film Festival in Montreal. The same year, he founded Sylvart with Marie-Eve Nadeau and Myrtille Saint-Martin, an environmental project based on art brut. In conjunction with this artistic residency, he created *Art vs Wild*, a 36-minute web series produced by ARTE Creative and presented at the Christian Berst Gallery in November 2016. In 2017, an art book around his work as a filmmaker, *Permanent Resurrection of a Filmmaker in Love*, was published by Les Cahiers dessinés.

In 2020, he completed his ninth feature film entitled *Théo et les Métamorphoses*, which was selected for the Berlinale 2021 in the Panorama section, as well as for FEMA, GIFF and the Seville European Film Festival. He won the Grand Prix at the New Horizons festival 2021.

Comment voulez-vous qu'il y ait de la vie dans quelque chose de figé? Interview avec Damien Odoul (10 juin 2022)

Dans quelles productions cinématographiques avez-vous eu l'occasion de travailler avec des personnes en situation de handicap mental ?

Damien Odoul : J'ai fait un film qui s'appelle *La Folle Parade* [France, 2009], qui est un de mes rares documentaires. J'ai montré le film dernièrement à Liège au Trinkhall Museum, le Musée d'Art Brut en Belgique. C'est un endroit assez incroyable où ils ont programmé le film. Je l'ai tourné durant trois ans dans une région d'où une partie de ma famille est issue. C'était un rassemblement dans certains villages de la région de gens liés au handicap mental qui venaient là pour une journée. C'était une fête pour eux. Ils pouvaient courir sur un petit parcours et ça s'appelait « la course de l'amitié ». La journée se terminait par un bal, un feu d'artifice et un repas. J'ai tourné sur trois ans, mais j'ai recréé une unité de temps, de lieu et d'action. Le spectateur pense que c'est dans le même village et la même année. J'ai eu la chance avec le climat, les journées étaient belles, on ne peut pas faire la différence. Il y a pourtant trois années qui passent dans un film qui semble durer une journée.

Il y a un personnage qui est dans pratiquement tous mes films. On l'appelle le Stef, qui est un homme que la société aurait pu appeler à une autre époque « un simple d'esprit », pour moi il est un « un simple en friche », celui qui voit ce que nous ne savons plus voir. Et cette figure est aussi présente chez le poète allemand Hölderlin. Cette idée du « simple » a toujours été récurrente dans mon cinéma.

Avant Théo [Kermel, le protagoniste de *Théo et les métamorphoses*], j'avais travaillé avec un autre garçon trisomique qui s'appelle Kostia avec des tendances autistiques et schizoïde. Les psychiatres ont refusé que Kostia participe au film qui s'est intitulé alors *Théo et les métamorphoses.* J'ai trouvé Théo dans un second temps. Mais les dessins dans la chambre de Théo dans le film sont de Kostia qui est réellement un artiste et un poète. Théo, lui, est un comédien, il n'est pas un artiste, il ne dessine pas, il ne peint pas. J'ai rendu hommage à Kostia avec les dessins et aussi avec la musique que l'on entend dans le casque de Théo. Depuis mon enfance, j'ai une relation avec ce qu'on appelle le handicap, mais ces mots ne veulent rien dire.

Comment l'appelez-vous ?

Damien Odoul : Je l'appelle « vous », « moi », « toi », « nous ». De toute manière, la plupart des gens que je rencontre dans le monde semblent normaux, mais ils sont pour la plus grande majorité totalement névrosés, voir névropathes, malades. Mais ils ne sont pas à l'hôpital psychiatrique. Ils sont « les Messieurs-Mesdames normaux », mais ils ne sont pas normaux. Et quand je dois les confronter, je trouve ça beaucoup plus *malaisant* qu'avec ceux que l'on dit « malade ». Quant à Théo c'est un acteur. Il aime jouer, et il a un sens du « je ». C'est tout.

Avez-vous pensé à réaliser votre film sans une personne avec le syndrome de Down ?

Damien Odoul : Non, pourquoi ? Le syndrome de Down, c'est encore une appellation. *Théo et les Métamorphoses* est une expérience cinématographique, mais ce n'est pas du tout un film expérimental. Je pense que c'est un film pour un vaste public, mais je dois me rendre à l'évidence que ce n'est pas le cas. Malheureusement, vu la société du spectacle dans laquelle on est rendu aujourd'hui, c'est un film qui passe pour un film radical, atypique, spécial, etc. C'était finalement aussi une réponse à un film qui pour moi est à l'opposé de Théo, un film belge de Jaco Van Dormael [Belgique/France 1996]. Mon film est contre *Le Huitième Jour.* La figure du gentil trisomique, touchant, c'est insupportable. Ma proposition cinématographique est une manière de montrer un trisomique d'aujourd'hui, avec ses problématiques comme de connaître la sexualité, et pourquoi pas avoir une histoire d'amour avec une femme, entre guillemets, « normale ». Ce jeune trisomique vit avec les problématiques de son temps et de sa génération. Pour moi, ce qui est le plus important, c'est que l'on oublie totalement au fil du film que ce garçon est trisomique.

Il fait allusion au syndrome de Down à deux reprises, une fois lorsqu'il est couché dans son lit et une fois dans la scène avec le chien. C'est une scène ironique, c'est plutôt un jeu.

Damien Odoul : Vous parlez d'ironie, moi, je parlerais d'humour caustique. Dans la scène avec le chien et l'allusion à Bob Marley, on est aussi devant le problème de la race. Il y a quelque chose à la fois drôle et angoissant, on peut penser à Darwin, au nazisme… Par contre, sur le lit, c'est un moment très particulier dans le film où il parle des yeux. Pour lui la classification de la trisomie passe par les yeux. Théo nous dit qu'on ne reconnaît son syndrome de Down qu'à cause de ses yeux. Donc on en revient à la problématique du regard qui est la problématique de tout cinéaste ou créateur.

Comment faites-vous le casting des acteurs avec handicap ? Quelle est leur formation ?

Damien Odoul : Aujourd'hui, on n'a pas forcément besoin d'aller dans l'institution psychiatrique, mais ce n'est pas forcément intéressant de prendre quelqu'un qui fait du théâtre. Ça peut être même problématique parce qu'il peut avoir des manies, des tics. Théo, lui, avait surtout envie de faire du cinéma, et c'était sa première expérience d'un long-métrage, d'un rôle principal durant une heure et demie. Je tournais pratiquement tout le temps avec lui, mais ça demandait une grande énergie. Ce qui l'intéressait, c'était de jouer devant cette caméra, en sachant qu'il ne voyait absolument pas ce que je tournais. Et tout cela n'a rien à voir avec le théâtre. On s'arrête, on coupe, on refait, on attend, on reprend… Les problématiques ne sont pas du tout les mêmes au théâtre. Je n'aurais pas pris Théo s'il avait déjà fait un film. Je voulais quelqu'un de « vierge » si l'on peut dire, et pas quelqu'un qui soit trop à l'aise devant la caméra. Du coup, Théo devient addict à la caméra, mais ça va dans les deux sens. La caméra capte les mouvements et les transformations physiques de Théo. Théo devient alors cinégénique.

J'ai aussi travaillé avec des acteurs professionnels. Mais dans mes premiers films, il n'y a pas d'acteurs connus, il n'y a que des non-professionnels. Dans *Théo et les métamorphoses*, les jeunes femmes n'ont pas d'expérience et le père est un ami à moi. C'est un comédien et un metteur en scène de théâtre, un grand créateur, dont j'aime beaucoup l'expression, le nez, le physique imposant.

Croyez-vous que les nudités et la sexualité dans *Théo et les métamorphoses* peuvent choquer les spectateurs ?

Damien Odoul : Ça ne choquait personne il y a 40 ans. Aujourd'hui en effet ce puritanisme capitalo-nauséabond fait beaucoup de tort. Les hypocrites. Ils donnent à voir le pire de la pornographie dégoutante que la toile, mais quand il s'agit de morale, ils deviennent les censeurs. C'est terrible de voir ce vers quoi tend le cinéma aujourd'hui ! Je suis pessimiste. Je ne sais pas ce que Pasolini ou Buñuel feraient de nos jours. La plupart des spectateurs ne savent plus reconnaître la beauté dans l'érotisme. Mais pour mater de la pornographie dégueulasse et manger de la merde, ça ne le pose aucun problème.

C'est vous qui avez écrit le scénario tout seul ou c'est votre acteur qui a apporté ses idées au scénario ?

Damien Odoul : Non, c'est moi, entièrement. Mais Théo est un véritable interprète et un acteur formidable. Il était très à l'écoute, ~~et~~ il me faisait confiance. Je lui expliquais tout. Je le préparais avant chaque séquence. La veille, on parlait, je lui racontais. Théo était au courant de tout ce qui se passait, et il donnait tout ce qu'il pouvait. A part la séquence à propos des yeux par rapport à la trisomie, c'était d'une discussion qu'on avait eue ensemble et je me suis servi de cette idée. Mais c'est tout. Tout le reste, je l'avais écrit avant et des parties de sa voix intérieure au montage.

Théo a lu le texte en *off*. Avez-vous eu des difficultés pour enregistrer tout ce texte ?

Damien Odoul : Ça a été un travail difficile, vraiment. Cela a été long et compliqué parce que c'était un texte qu'il ne connaissait pas. Pour moi, il fallait qu'il comprenne vraiment ce qu'il disait et qu'à la fois le rythme vocal soit juste. Il fallait arriver à trouver cet équilibre pour que la voix soit naturelle. Il ne fallait pas réciter le texte. Ça a demandé beaucoup de précision dans le rythme et dans la compréhension de ce qu'il disait. Quand on rentrait dans la part plus poétique, plus « philosophique », sur l'espace et le temps, c'était évidemment plus complexe, mais ça se faisait naturellement. De toute façon, je crois en l'inconscient. Je dirais que l'inconscient de Théo était conscient de ce qui se passait… Je crois beaucoup en ça. Le problème du cinéma commercial ou même de l'université, c'est de vouloir à tout prix tout expliquer, et que ce soit logique, mais c'est insupportable ce nivellement par le bas, et de ne pas faire confiance à l'inconscient (et non à l'intelligence) du spectateur… alors qu'il y a des choses qui doivent rester « en suspension », ou qui ne doivent pas être « nickel », il faut laisser planer des troubles, des failles inexpliquées, et que le spectateur fasse aussi son travail de regardeur.

Par exemple, dans la séquence où Théo rase son père « mort », il joue avec le langage et crée une allitération avec les mots « poil » et « sale ». Il faut être sensible à ces détails-là, c'est primordial. Cette séquence est importante, mais en même temps, on s'amusait beaucoup avec Théo à jouer avec les mots. J'aime beaucoup qu'à travers le jeu de Théo cette phrase puisse se transformer en une chansonnette. Je lui ai expliqué ce qu'était une allitération. Je lui ai dis : « Voilà, 'poil', 'sale', 'p', 's', ce sont des consonnes » et je lui ai lu le texte avec « poil » et « sans poil c'est pas mal » et cetera. On s'est amusé à faire ça, tout comme ce moment aussi où il chante : « Tout n'est que transformation, tout n'est que transformation...» Cette idée joyeuse de jouer. C'est ce qui fait qu'on n'est pas dans quelque chose de *dark* et d'insupportable. Mais il y a des spectateurs qui le vivent mal, qui peuvent tout à fait voir cette mort du père comme quelque chose de bouleversant alors que c'est une séquence quasi burlesque. Ce qui est intéressant, c'est qu'à travers le prisme du burlesque, on puisse rejoindre la tragédie.

On reconnaît des phrases tout à fait classiques, comme « Nature, berce-le chaudement : il a froid » (Arthur Rimbaud, *Le dormeur du val*) ou « Pour qui sont ces serpents qui sifflent sur vos têtes ? » (Jean Racine, *Andromaque*). Quand le film joue avec ces grandes citations littéraires, c'est comme s'il nous disait de ne pas le prendre trop au sérieux, que tout est un jeu. Qu'il ne faut pas perdre cet esprit de jouer avec une œuvre d'art.

Damien Odoul : C'est intéressant ce que vous dites, et justement le travail que vous faites est primordial parce qu'il faut essayer de proposer aux spectateurs d'autres manières de voir. Cette connexion avec les poètes, la littérature, les philosophes est une manière essentielle d'amener à penser autrement. Je dirais que ce film est une « utopie incomplète ». Ce que l'on tente de faire est de l'ordre de l'utopie. Mais qui dit utopie, dit forcément dystopie. Et ce film nous dévoile aussi un devenir dystopique. Quand on visionne *Théo et les métamorphoses*, au bout d'un moment, on se dit « qu'est-ce que c'est que ça », mais il y a aussi une minorité qui a été touché, et profondément. Une œuvre d'art est de ce côté-ci, un objet que vous gardez en tête et qui travaille encore après. On aime ou on n'aime pas, peu importe. On connaît bien la difficulté du regard aujourd'hui, le fait de se poser, de prendre le temps de visionner avec un minimum de concentration un film de bout en bout, la question de l'écran, sa dimension, le rapport à un temps suspendu. Je crois intrinsèquement à une forme d'autohypnose dans un film comme celui-ci, ce qui me rappelle des expériences de cinéma que j'ai eu jeune, des films qui m'ont marqué. Une expérience quasi hypnotique. Relier le passé avec l'instant du film tout en ressentant déjà un futur proche.

Quelles ont été les réactions du public à votre film ?

Damien Odoul : J'ai vu des gens vraiment retournés, voire dérangés. La dernière fois à Bruxelles, une femme est venue me voir après la projection avec son compagnon. Plus elle me parlait, plus elle se mettait à pleurer. Et pourtant au départ, elle ne pensait pas rentrer dans le film. Et d'un seul coup, elle a trouvé un accès. C'est une compréhension profonde souvent chez les personnes qui ne sont pas forcément cinéphiles. Elle m'a dit qu'elle s'était laisser prendre parce qu'elle s'était laisser aller, elle avait dû lâcher quelque chose pour rentrer dans le film. Les cinq premières minutes, elle ne savait pas si elle allait rentrer, elle n'était pas sûre. Elle se demandait ce que c'était, ce jeune homme qui descend dans une grotte. « Et puis d'un seul coup, » elle me dit en pleurant, « j'ai lâché ». Mais à la fin de la projection, tout est remonté, toutes ses émotions, ce que ça lui a rappelé. Dans le film, il y a des éléments psychanalytiques, philosophiques, voir métaphysique, et tout ce marasme, en lien avec la nature et le temps créent un rapport au corps imminent, animal, et végétal évidemment avec cette forêt. Il faut en effet pouvoir lâcher quelque chose, et je crois que tout le monde ne peut pas, tout comme avoir une expérience sérieuse avec l'hypnose ou avec les drogues hallucinogènes. Mais avec le film, c'est sans drogue. C'est une forme d'hallucination. Il y a des visions, et il faut savoir les pénétrer. En même temps, le film parle aussi de nous. Un fils sans mère, un fils avec père, c'est notre complexité d'humain et nos rapports à la famille… Je crois que *Théo* est une proposition rare, d'autres d'où peut-être l'incompréhension. C'est ce que j'appellerai du « méta- cinéma ». *Théo et les métamorphoses* est un film initiatique, sur une forme d'auto-initiation, mais avec des passages compliqués à certains endroits. Il n'existe pas d'initiation simple. Je pense que c'est bien le problème de certains jeunes à essayer de chercher ça encore aujourd'hui, mais il n'y a que des réponses très pauvres. Il est là le problème.

Croyez-vous qu'une personne avec un handicap change l'ambiance sur le plateau ?

Damien Odoul : C'est une mauvaise question. Il y a des acteurs sans handicap qui sont catastrophiques sur un plateau parce qu'ils font chier, parce qu'ils ont un ego exacerbé. Avec un trisomique, c'est la même chose. Kostia est à l'opposé de Théo. Ils n'ont rien à voir. Et un troisième que j'ai connu, Alain, un artiste belge, c'est encore autre chose. Je dirais que Théo est sérieux dans le sens qu'il sait que la journée de travail c'est la journée de travail, qu'il faut se concentrer. Après, le soir, c'est autre chose, mais durant la journée, il faut de la concentration.

Chez Théo, il y a aussi quelque chose d'organisé, et à la fois il savait se laisser aller totalement. Il y avait aussi un aspect enfantin chez lui. Lorsqu'il volait par exemple au milieu des branchages, il revenait du côté de l'enfance. Peut-être la différence avec les « acteurs normaux », c'est que Théo pouvait réellement passer, dans la même journée, de l'enfance, à l'adolescence et jusqu'à l'adulte.

Avez-vous une suggestion sur quoi il fallait faire une recherche ?

Damien Odoul : J'avais écrit durant le montage : « Les visions de Théo tiennent au pouvoir du langage, à convoquer les images, les objets, les personnages, les événements, et cela de manière subite, simplement en les désignant ». Tao, le double chinois de Théo, il existe. La femme serpent, Théo, il la fait apparaître. Mais est-ce qu'on est capable encore de lâcher prise, comme je vous le disais, face à un film comme celui-ci ou un autre, où il y a une proposition de fait. Est-ce qu'on est capable de se débarrasser de ce qu'on nous a appris, et ce qu'on nous a malheureusement souvent mal appris ou que l'on nous a forcés à apprendre. Comment peut-on retrouver un regard qui ne juge pas immédiatement ? C'est une grande question. Et ce film est vraiment fait pour tenter d'y répondre, il me semble.

Ça donne un peu d'espoir de se dire que le spectateur peut admettre : « Finalement, chaque fois que j'énonce une putain de vérité ou que je regarde en surface ou que je critique, je suis déjà dans quelque chose où je fige ». C'est le mot, *figé*… où ça fige ! Comment voulez-vous qu'il y ait de la vie dans quelque chose de figé ? C'est impossible. Mais ce film parle aussi de la mort évidemment tout en étant du côté de la vie. C'est un film de nerfs, comme on dit « avoir les nerfs à vif ». C'est grâce au nerf que naît aussi le burlesque. Le film est constitué de ce que Théo s'imagine, à travers sa part de nerf, et de nervosité. En effet, il est traversé par des émotions, par des obsessions, des fantasmes, et qu'est-ce qu'il en fait ? Il nous les communique, et nous sommes alors traversés nous aussi.

Pourquoi y-a-t'il autant de gens qui ont recours aux antidépresseurs, aux anxiolytiques, à l'alcool, à la drogue, c'est pour justement évacuer une angoisse existentielle qui est d'autant plus profonde qu'il y a des épidémies, des pandémies, des réchauffements climatiques, et tout le bazar… Et il y a toutes ces informations quotidiennes à gérer. Et s'il n'y a pas un espace du rêve, un espace de ce qui nous dépasse, c'est fini, on sature et on ne ressent plus la vie. Et alors « l'homme » n'est plus capable d'avoir un rapport poétique au monde. Je ne parle pas de poésie, je ne parle pas de mots, mais d'un rapport poétique au monde. Ce film peut sans doute vous faire ressentir cela, mais ça va être difficile, ça ne va pas être simple. Mais si vous cherchez la facilité, il ne faut pas voir ce film.

On est malheureusement dans une société capitaliste qui étiquette tout. On vous met tout de suite dans une case. Alors là-dedans, comment encore trouver de la liberté ? C'est ce que le film raconte, et c'est pour ça qu'en même temps, un film comme ça ne pourra plus être produit, ni distribué. Même si c'est un film qui ne coûte pas cher. L'industrie du cinéma n'en veut plus. Et le public avec. Alors comment encore essayer de faire des propositions, et non de donner à voir ce qui est attendu? C'est une véritable question.

Germany

Die Goldfische (2019), Alireza Golafshan

Production	Direction/Script: Alireza Golafshan Production: Quirin Berg, Justyna Muesch, Max Wiedemann; SevenPictures Film, Deutsche Columbia Pictures Film Produktion, Wiedemann & Berg Filmproduktion
Language	German
Main Casting	Tom Schilling: Oliver Overrath Jella Haase: Laura Ferber Kida Khodr Ramadan: Eddy Patzke Birgit Minichmayr: Magda Grabowski Axel Stein: Rainer 'Rainman' Schnellinger Jan Henrik Stahlberg: Michael 'Michi' Wolter Luisa Wöllisch: Franzi Maier Maria Happel: Ingeborg Zschetzsche Sibylle Canonica: Saphira
Film Genre	Comedy
Internet	http://www.golafshan.de/

Synopsis

Oliver is a successful, ruthless banker who leads a fast-paced life. One morning while stuck in slow moving traffic on his way to work, he breaks free from the queue by driving in the opposite lane. He is blind-sided by a car who appears out of nowhere behind a camper van and to avoid a fatal accident he swerves but the damage is done and his car rollovers three times. He wakes up in the hospital to find out that he has lost mobility in his legs. After spending three months in a rehabilitation clinic, he is yet to come to terms with his condition and his new reality. He does not try to connect with other patients in the clinic and is unwilling to accept that healing will be a slow process. The people around him, his mother, the facility manager and his boss are concerned that instead of trying to adapt to his new condition, he keeps worrying about work as he does not want to jeopardise his professional standing and his clients' money. One day, at lunch, he meets Laura, a social assistant working with a group of patients with disabilities. They start on the wrong foot as he nearly insults her job and is rejected when he asks her out. As Oliver's room has spotty internet he moves to the common room disrupting Laura's group therapy session with her patients, that she calls "the Goldfish". There are four patients who attend the meeting, two with autism, Michi and Reiner, also called Rainman, Franzi, a girl with Down syndrome, and Magda, a visually impaired woman.

The turning point of the film is a phone call Olive receives from a bank in Switzerland where he holds undeclared money in a safe deposit box. The German tax authorities found out about it and had started investigating him. Oliver decides to go there and withdraw the money himself. He plans to undertake a trip to avoid being accused of tax evasion and disguises his true intentions under the pretext of visiting a camel farm with members of the Goldfish group. He pays for the trip and while the others go on a ride with Laura, he bribes the other nurse accompanying them, Eddy, to drive him to the bank. After being blackmailed by Eddy for more money, he tapes the money to his legs and goes back to the farm.

At the farm a camel starts chewing his pants. Laura finds out about the money and forces him to drive to Zurich and deposit the money back in the locker. Things begin to fall apart when he wants Eddy to return the bribe. Eddy is on the run and Laura chases them. Upon losing his trail, Oliver goes back to the van where his comrades are waiting. Magda suggests that in exchange for a bribe, she could teach Rainman to drive and they could run away without Laura. Oliver agrees and after a rough start, Rainman drives them away. They receive a call from Laura who is worried and infuriated but they inform her that they are driving away and she should hail a taxi. Everyone now wants a slice of the proverbial pie in the form of a bribe. Franzi wants expensive clothes instead of money. They all head to a boutique in Zurich, where they have to convince a sceptical shop assistant that they can indeed pay for the clothes and buy an expensive outfit for her. Oliver realises that the money bundles tied to his leg are bruising his legs and he decides to transfer them on Michi. On their way back to the car, they see Eddy buying an expensive watch in a shop and Oliver chases him. All of them manage to knock him down, tie him to the car seat while he's unconscious and drive away.

They are about to cross the border, when Rainman has an episode while driving. Instead of meeting with an accident, they drive on to a field running next to the road. Oliver convinces Magda to get behind the wheel by being her eyes on the road and guiding her. They nearly destroy the van, but make it to the border. They are stopped by the police who flags them down after witnessing Magda's haphazard driving. They manage to stall the police long enough until Laura rescues them by talking to the police. Laura was abandoned by her taxi driver once he realised she did not have the money to pay him. They manage to cross the border without any further complication but realise that they lost Michi in the field when they drove off the road. They drive back for him and locate him at an amusement park just as he was getting on a ride that will shoot him off in the sky. The rides take off and when he is all the way at the top, the money bundles come off him in the form of 500-euros-bills that leads to a wild scramble at the park. Oliver witnesses this, accepts the futility of his attempts and wants to just get home.

Once they get back to the rehabilitation clinic, Laura, disappointed and angry, disappears. For Oliver and the other patients things go back to normal. His money was never traced, they renewed his contract at the company as his colleague faces tax evasion accusations. However, he does not feel the same drive to earn as he did before. The Goldfish members convince him to confess to the facility manager so that Laura could get her job back. They learn that the facility manager already knew and Laura was not fired but had resigned because she felt that she had failed in her job as a social assistant. The manager, worried by the financial state of the facility, suggests that Oliver could help his banker friends legalise their money by donating it to the facility and Oliver accepts. When they are about to take off on their second trip, Oliver feels the absence of Laura and rushes to the fast food restaurant where she works to convince her to come back. She is reluctant but accepts.

Fig. 4: *Die Goldfische*, 2019 © Wiedemann & Berg Film GmbH

Alireza Golafshan

Alireza Golafshan was born in 1986 in Tehran, Iran. In 1998, his family emigrated to Germany. Golafshan initially studied philosophy and art history in Munich. In 2008, he successfully applied to the Hochschule für Fernsehen und Film (University for Television and Film). There he directed several short features films, such as the 45-minute tragedy *Behinderte Ausländer* (2013). Justyna Muesch, a producer, impressed by Golafshan's *Behinderte Ausländer* reached out to him which led to the development of Alireza Golafshan's fiction film debut *Die Goldfische* (2019), which features many prominent German actors. Golafshan received the Young Directors Award at the Bavarian Film Awards 2020.

As a producer, he was involved in Friederike Güssefeld's HFF graduation film *Out of Place* (2019), winning Best Documentary at the 2019 First Steps Awards. Between October 2020 and May 2021, Golafshan's next feature film, the comedy *JGA: Jasmin, Gina, Anna*, was filmed in Munich and Ibiza. The film follows three best friends who go through a wild party night in Ibiza, and was released in March 2022.

„Mensch mit geistiger Behinderung“ ist für mich keine Kategorie. Interview mit Alireza Golafshan (27. April 2022)

Ihr Film *Die Goldfische* ist sehr erfolgreich und erreicht über den Sender Sat.1 ein großes Publikum. Haben Sie in weiteren Produktionen Erfahrungen mit Menschen mit geistiger Behinderung gesammelt?

Alireza Golafshan: Ja, aber nicht in Hauptrollen. Ich habe an der Universität einen 45 Minuten langen Film mit dem provokanten Titel *Behinderte Ausländer* gemacht. Es ging es um einen türkischstämmigen Rollstuhlfahrer, der die Augenhöhe mit seinen Mitmenschen sucht und nicht auf seine Behinderung reduziert werden will. Er trifft eine junge Dame aus der Uni, die eine Arbeit über das Thema „Behinderung“ schreibt mit einem Schwerpunkt „Menschen mit Migrationshintergrund, die eine Behinderung haben“ – das fasst er mit dem Satz zusammen: „Du meinst also behinderte Ausländer?“Es entwickelt sich dann eine kleine Liebesgeschichte. Er will von ihr nicht nur als Behinderter gesehen werden, obwohl sie ihn ja gerade deswegen ausgesucht hat. Das ist das Dilemma des Films, er ist leicht humoristisch, aber keine Komödie. Wir haben ihn in der Einrichtung MFZ in Giesing als studentische Produktion gedreht. Das MFZ ist ein Zentrum für Menschen mit Zerebralparese, wo oft eine geistige Behinderung mit einer körperlichen einhergeht. Die Menschen aus dem Zentrum haben als Komparsen mitgewirkt, also nicht ganz so prominent mit einer tragenden Rolle wie Luisa Wöllisch in *Die Goldfische*.

Luisa Wöllisch spielt in *Die Goldfische* die Franzi. Wie sind sie darauf gekommen, die Figur mit ihr zu besetzen?

Alireza Golafshan: Die Rolle der Franzi war als „Mädchen, unter anderem mit Down-Syndrom“ ausgeschrieben. Mir war es wichtig, dass man nicht einfach sagt: „Das ist der Rollstuhl-Fahrer, das ist das Downie-Mädchen etc.“ Ich finde, Behinderung ist ein Teilaspekt der Figur, der Charakter ist ein anderer. Franzi hat einen sehr trotzigen, modebewussten und autonomiesuchenden Charakter; dass sie das Down-Syndrom hat, ist nur ein Teilaspekt.

Das bundesweite Casting war eine Herausforderung. *Die Goldfische* ist eine Komödie mit sehr vielen technischen Szenen, also auch Dialog-Timing etc. Mir war klar, dass es kein Film wird, in dem Franzi im Mittelpunkt steht und bei dem wir Zeit hätten, auf eine ungewöhnliche, nicht-professionelle

Art und Weise am Set zu arbeiten. Sie musste einfach mit Birgit Minichmayr, Tom Schilling, Jella Hasse oder mit wem auch immer, der im Bus sitzt, mithalten. Insofern war relativ schnell klar beim Casting, dass viele Kandidatinnen, die keine Filmerfahrung oder Schauspielausbildung hatten, nicht in Frage kamen, allein weil sie sich vor der Kamera nicht wohl fühlten, auch weil es im kognitiven Bereich große Unterschiede gab. Luisa ist im Schreiben und Lesen sehr fit. Wenn wir Leseproben gemacht haben und ich sagte: „Ändere den Satz", dann hat sie einen Stift genommen und das Wort geändert. Ich habe oft gewitzelt, dass es da ganz andere Fälle von professionellen Schauspielern am Set gab, bei denen wir eher kontrollieren mussten, ob es mit den Takes klappt. Wir hatten also das Glück, eine tolle Schauspielerin gefunden zu haben, die zufällig das Down-Syndrom hat, was letztendlich zur Rolle passte. Einen Platz 2 gab es im Grunde nicht und ich weiß nicht, ob wir den Film in der Form und mit dem Tempo in den Dialogen hätten machen können, wenn wir nicht ein Ausnahmetalent wie Luisa Wöllisch gefunden hätten, die auch eine Theaterausbildung hatte.

Frau Wöllisch ist ja die einzige Figur im Film, die von einer Person mit einer Behinderung gespielt wird.

Alireza Golafshan: Im Hauptcast ja. Ich wollte für ihre Rolle eine Person mit Down-Syndrom und niemanden sonst. Aus dem Finanzbereich kam einmal die Frage, ob das denn überhaupt möglich sei, aber das war schnell vom Tisch. Für mich gibt es da keine Diskussion. Für die beiden Autisten und für die sehbehinderte Magda, am Ende von Birgit Minichmayr gespielt, haben wir im Laien-Bereich viel gecastet, auch mit Autisten und Menschen mit Sehbehinderung, von denen einige ein bisschen Theatererfahrung hatten, andere zum ersten Mal vor der Kamera standen.

Die interessante Erkenntnis am Ende war, dass der Unterschied zwischen Wahrheit und Fiktion ist, dass Fiktion glaubhaft sein muss (frei nach Mark Twain). Den blinden Schauspielerinnen, die zum Casting kam, hat man nicht abgekauft, dass sie blind sind; man hätte schon einblenden müssen: „Übrigens: Diese Person ist im echten Leben sehbehindert." Das ist die Schwierigkeit bei der Darstellung von Behinderung: Sie muss immer kreiert werden. Birgit Minichmayr hat es mit einem zweimonatigen Schauspiel-Coaching glaubwürdiger hinbekommen, eine Sehbehinderte zu spielen, als eine real sehbehinderte Person ohne Schauspielerfahrung. Nur weil eine Person eine echte Behinderung hat, heißt das nicht automatisch, dass diese Behinderung dann auch im Film repräsentiert wird, nur weil diese Person gefilmt wird.

Ich bin nicht der Meinung, dass Personen ohne Behinderung keine Figuren mit Behinderung darstellen dürfen. Mein Gefühl ist, dass diese Debatte sehr dogmatisch geführt wird, vor allem in Großbritannien und in Amerika. Für mein Empfinden kommen da fast schon faschistische Forderungen wie: „Das hat so und so zu sein, ansonsten wird das Projekt gecancelt.“ Der Schuss geht aber nach hinten los, weil die Regisseure und Produzenten dann vom Thema Behinderung ganz die Finger lassen aus Angst vor einem Shitstorm oder davor, dass ihr Projekt gecancelt wird, weil es in der *community* nicht ankommt. Früher wurde eher gesagt: Lasst uns Dustin Hoffman die Rolle von Rainman für einen Oscar- verdächtigen Film geben. Man kann den Film *Rainman* finden, wie man will, er hat auf jeden Fall in Mainstream-Debatten Begriffe platziert, die den Zuschauern zumindest einen Startpunkt bieten, um mehr über Autismus oder Ähnliches zu erfahren.

Die Forderung, Figuren mit Behinderung nur mit Menschen mit einer echten Behinderung zu besetzen, argumentiert an der Realität vorbei und kocht Behinderung auf eine absurde Art und Weise auf Klischees herunter. Vor dem Dreh zu *Die Goldfische* kam ein-, zweimal die Frage auf, warum die Hauptfigur, ein Rollstuhlfahrer, nicht mit einem echten Rollstuhlfahrer besetzt wird. Aber was ist denn überhaupt ein Rollstuhlfahrer? Was ist das für eine Kategorie? Ich denke doch nicht: „Meine Hauptfigur ist ein Rollstuhlfahrer.“ Meine Hauptfigur ist ein Banker, der schnell lebt und immer der Erste sein will, bei dem Prestige eine hohe Rolle spielt, der Temperament hat – das sind Kategorien, in denen ich die Rolle denke. Dass er im Rollstuhl sitzt, macht fünf Prozent davon aus. Den Charakter auf die Tatsache, dass die Person im Rollstuhl sitzt, herunterzukochen, ist eine grobe Vereinfachung und macht, auch wenn es gut gemeint ist, eine Schublade auf.

In *Die Goldfische* sieht man zum Beispiel Tom Schilling ganz konkret in der Reha bei Übungen, die er ein paar Monate nach seinem Unfall machen soll. Mir war wichtig, dass zumindest die Komparsen echte Rollstuhlfahrer waren. Von denen kamen dann Kommentare wie: „Moment mal, ich bin seit der Geburt querschnittgelähmt, ich würde nie in so eine Reha-Situation kommen.“ Oder: „Ich bin eigentlich Läufer, habe aber eine Knochenkrankheit, daher ist es besser, wenn ich im Rollstuhl unterwegs bin. Zum Essen kann ich aber aufstehen und ans Buffet gehen.“ Diese fünf bis sechs Komparsen hatten ganz unterschiedliche Behinderungen, keine Behinderung gleicht wirklich der anderen. Wenn man dann sagt: „Wir nehmen einen echten Rollstuhlfahrer, egal, ob der einen Unfall als Erwachsener hatte oder ob er querschnittgelähmt auf die Welt gekommen ist oder aus anderen Gründen auf einen Rollstuhl angewiesen ist“ – das ist absurd und befasst sich nicht genau genug mit dem Thema.

Eigentlich geht es um die Repräsentation. Ich nehme mal ein Beispiel aus einem Bereich, der für mich persönlich relevant ist: die Repräsentation von Menschen mit Migrationshintergrund. Eine sehr schöne Darstellung von einem iranischen Exilanten-Vater ist für mich die von Ben Kingsley in *House of Sand and Fog*. Ben Kingsley ist kein Iraner, trotzdem habe ich mich repräsentiert gefühlt, weil die Geschichte gut recherchiert wurde, weil seine Darstellung respektvoll war und weil ich mich als iranischer Exilant darin wiedergefunden habe. Ich glaube, darum geht es. Die Aufgabe von Schauspielern, Autoren, Regisseuren und Produzenten ist, dass sie einen gewissen Grad an Genauigkeit und respektvollem Umgang mit Minderheitenthemen hinkriegen, so dass sich diese Minderheiten repräsentiert fühlen – und es ist egal, wie man dahin kommt. Im Fall von Luisa Wöllisch haben wir es hingekriegt, dass eine Schauspielerin mit einer sogenannten „echten Behinderung“ die Repräsentation hinbekommt, in anderen Fällen eben mit Schauspielern, die sich diese Repräsentation auf professionelle Art und Weise angeeignet haben.

Für die Figuren Rainman und Michi aus *Die Goldfische*, die härtere Fälle aus dem Autismus-Spektrum sind und eine Ganztagsbetreuung brauchen, gibt es reale Vorbilder aus einem Heim in Wuppertal, das wir mit den beiden Darstellern besucht haben. Dort haben wir sehr genau hingeschaut, Aufnahmen gemacht, Gespräche geführt, auch mit den Betreuern, und haben mit den beiden Autisten einen Busausflug gemacht. Wir sind an die Aufgabe mit Respekt und mit dem Willen herangegangen, die Menschen so gut wie möglich zu repräsentieren. Anders wäre es kaum möglich gewesen, weil bei dieser Form von Autismus zum Beispiel keine Einverständniserklärung zum Filmen gegeben werden kann. Bei geistiger Behinderung ist man schnell in einem moralisch fragwürdigen Raum, wie bei Dokumentarfilmen, bei denen man das Gefühl hat, die Menschen werden ausgestellt, ohne eine Chance zu haben zu entscheiden, ob sie Teil des Filmprojekts sein wollen, und ohne auch die Wahl zu haben, Nein zu sagen. Mir war schnell klar, dass professionelle Schauspieler diese Art geistiger Behinderung darstellen sollten.

Sie sind von einem festen Drehbuch ausgegangen und haben dann Schauspieler:innen gecastet. Hat Frau Wöllisch dann während der Zusammenarbeit noch etwas am Drehbuch oder an der Darstellung verändert?

Alireza Golafshan: Nur im üblichen Rahmen, also nicht mehr und nicht weniger als bei den anderen Rollen auch. Die Änderungen würde ich jetzt gar nicht auf die geistige Behinderung zurückführen. Weil sie eine junge Schauspielerin mit einer Nebenrolle in einem starbesetzten Ensemble war, hat sie sich natürlich eher zurückgehalten. Bei Tom Schilling, der ein anderes Standing hat und den Film mit der Hauptrolle trägt, gab es schon kleinere Textänderungen, insgesamt bei dem Film aber wenig. Das hat auch viel mit meiner Arbeitsweise zu tun: Die von mir geschriebenen Dialoge bauen aufeinander auf, auch rhythmisch, und ich habe es nicht gerne, wenn sie am Set spontan geändert werden.

War die Arbeit mit der Person mit „geistiger" Behinderung anders? Wie war Ihre Erfahrung?

Alireza Golafshan: Nur bei der synchronen Nachvertonung gab es kleinere Probleme, wenn man die Szene mit derselben Betonung nachsprechen muss. Es fällt aber auch vielen professionellen Schauspielern schwer, das gut hinzukriegen. Das war aber relativ spät im Prozess. Bei allem vorher war ich eher erstaunt – wir hatten Einsprechpartner für Luisa, wir waren auf ein bisschen Umdenken vorbereitet, was aber gar nicht nötig war. Es war eine sehr angenehme und professionelle Arbeitsweise. Wir hatten ja auch genau nach so einer Person gesucht im Casting. Es gab durchaus Bewerberinnen für die Rolle, bei denen ich das Gefühl hatte: Das wird betreuungsintensiv beim Dreh. Bei einem professionellen Set wie bei *Die Goldfische* tickt ja die Uhr, jeder Drehtag kostet viel Geld und man braucht Schauspieler:innen, die mitmachen. Genau das hat Luisa gemacht. Insofern war die Zusammenarbeit mit ihr nicht anders als bei den Anderen.

War auf irgendeine Art und Weise die Atmosphäre am Set anders oder eher „business as usual"?

Alireza Golafshan: Das ist Interpretationssache. Mein Gefühl ist: Ja, aber nicht nur Luisa hat die Atmosphäre verändert. Wir hatten viele Schauspieler aus verschiedenen Sparten: Birgit Minichmayr mit großem Standing im Theater, Tom als Arthouse-Charakter, Jella Haase aus dem kommerziell erfolgreichen Film *Fack ju Göthe* und Jan Henrik Stahlberg, Regisseur von *Mucksmäuschenstill* und anderen Filmen, und eben Luise. Alle haben sich sehr genau beobachtet, was zu einem respektvollen Team-Gefühl geführt hat. Das hat mich gefreut, und ich glaube, man sieht das auch im Film. Ich denke, auch Luisa hat zu dem immer respektvollen Umgang am Set beigetragen. Wirklich ausnahmslos, es gab keinen Ausrutscher oder Ausraster.

Gab es positive oder negative Überraschungen mit Luisa Wöllisch?

Alireza Golafshan: Die große Überraschung gab es für mich schon beim Casting. Die Casting-Szene war eine Improvisation. Ich war der Anspielpartner von Luisa und habe einen Verkäufer gespielt, ähnlich der Szene im Film, in der der Verkäufer der Frau ungern edle Sachen verkaufen möchte. Sie sollte dagegenhalten, das war ihre Improvisations-Aufgabe: sich nicht unterkriegen zu lassen von dem Verkäufer, der ihr immer wieder Steine in den Weg legen will wie zum Beispiel: Die Kreditkarte geht leider nicht. Ich bin mir nicht sicher, ob ich das in Ihrer Größe da habe etc. Das war eine fiese Szene, die sie herausgefordert hat. Aber sie hat mich wirklich im wahrsten Sinne des Wortes an die Wand gespielt mit Energie, Ausdauer und Spielfreude. Sie ist wirklich ein Naturtalent. Sie hat sich ganz auf das Spiel eingelassen ab dem Moment, in dem es hieß: „Das ist jetzt die Szene." Mir selbst ist nach dreieinhalb Minuten die Puste ausgegangen, ich hatte einfach keinen Stoff mehr, um weiter zu improvisieren.

Sie war mit ihrer Mutter da. Eigentlich sagt man nie beim Casting: „Du hast die Rolle!" Aber in diesem Fall habe ich es gemacht. Ich bin zu Ihrer Mutter gegangen und meinte: „Ich glaube, wir können die Suche beenden. Bitte richten Sie es zeitlich ein, dass sie die Rolle spielt."

Es gab immer wieder kleinere Überraschungen. Ich war überrascht, wie gut Luisa mit Textänderungen und generell dem Lernen von Text umgehen konnte. Wir waren darauf vorbereitet, sogenannte Singles zu machen, d.h. dass jeder Schauspieler allein im Bild ist, was im Schnitt Flexibilität ermöglicht. Man kann ein Wort aus dem einen und den nächsten Satz aus dem anderen Take nehmen. Aber das haben wir schnell über Bord geworfen, denn wir haben gemerkt, dass wir alle fünf oder sechs Schauspieler im Bild haben können und Luisa den Dialog genauso liefert, wie man es sich wünscht. Auch filmsprachlich – Auflösung, Schnitt, wo steht die Kamera, wie viele verschiedene Einstellungen braucht man, um eine Szene zu erzählen – hat sie durch ihre Professionalität großen Einfluss auf den Film genommen. Andernfalls hätte nicht nur ihre Rolle, sondern auch der Film anders ausgesehen.

Manchmal kritisieren Zuschauer, dass Menschen mit „geistiger" Behinderung eigentlich gar nicht wissen, dass und was sie spielen, dass sie sich nicht in Figuren hineinversetzen können und sich daher eigentlich nur selbst spielen können. Wie sind Ihre Erfahrungen?

Alireza Golafshan: Ich würde antworten: Was heißt denn „Mensch mit geistiger Behinderung?" Das ist für mich keine Kategorie. Für mich ist das genauso absurd groß gefasst wie „Ausländer" oder „Anwälte". Ich wüsste keinen gemeinsamen Nenner für alle Menschen, die eine „geistige" Behinderung haben. Ich glaube, je genauer man hinguckt, je mehr Begegnungen man hat, desto differenzierter wird das Bild und man sieht, dass es so etwas wie *die* „geistige" Behinderung gar nicht gibt. Das ist immer ein Spektrum mit verschwommenen Grenzen. Bei Autismus redet man ja jetzt Gott sei Dank vom „Spektrum", weil er so viele verschiedene Ausprägungen hat, wie kognitive Fähigkeiten nun einmal sind. Ich bin gegen Verallgemeinerungen. Ich kenne Filme iranischer Regisseure mit Laiendarstellern, die sie in irgendwelchen Dörfern gecastet hatten, die nie einen Fernseher hatten. Die haben eine Super-Performance abgeliefert, weil sie nicht wissen, dass sie in einem Film sind. Bei so etwas stellt sich doch auch die Frage: Wissen diese Leute – die ja keine kognitive Behinderung haben –, worauf sie sich eingelassen haben? Ich würde sagen, es kommt immer auf den Einzelfall an.

Zu den Zuschauerreaktionen: Ich habe sehr viele und rührende E-Mails und Zuschriften zu *Die Goldfische* bekommen, auch von Eltern oder Geschwistern von Menschen mit körperlicher oder geistiger Beeinträchtigung. Sie mochten den Film wirklich. Was mich sehr gefreut hat, war, dass sie immer wieder betont haben, dass sie es gut finden, dass die Behinderung nicht problematisiert wird und dass nicht das Klischee vom Tod als die einzige Erlösung von Behinderung bedient wird, wie es oft der Fall ist, z.B. in *Das Meer in mir* [*Mar adentro*; E 2004; Regie: Alejandro Amenábar]. Diese Filme räumen Preise ab, obwohl der Grundgedanke lautet: „Das Leben mit einer Behinderung ist nicht lebenswert.“ Für Menschen, die keinen Bezug zu Menschen mit Behinderung haben, mag das berührend sein (man nennt das auch „inspiration porn“). Solche Leute sagen sich: „Das soll uns inspirieren, darüber nachzudenken, was wir, die Gesunden, Nicht-Behinderten, wirklich vom Leben haben, dass wir gehen können, dass wir uns nicht das Leben nehmen müssen…“ Für die, ich sage mal: Betroffenen ist das eine Ohrfeige, und in der Regel sind das keine Filme, die mir Spaß machen.

Filme, von denen sich Menschen mit Behinderung repräsentiert fühlen und die gleichzeitig auch wirklich unterhaltsam sind und über ein Jetzt-haben-wir-auch-das-Thema-Behinderung-abgehandelt hinausgehen, sind selten. Nach dem Feedback zu *Die Goldfische* kann ich stolz sagen, dass wir das hingekriegt haben. Das Feedback gerade von Menschen, die in Einrichtungen arbeiten und sich mit dem Thema auskennen, war zu 100 % positiv. Bei einigen Vorführungen habe ich auch nachgefragt. Wenn jemand es z.B. problematisch fand, dass über (geistige) Behinderung Witze gemacht werden – im Film gibt es ja auch einige derbere Sprüche – habe ich ihn immer gefragt: „Haben Sie schon einmal echten Kontakt zu diesen Personen gehabt, haben Sie Zivildienst in Behinderteneinrichtungen gemacht oder haben Sie beruflich mit Menschen mit Behinderung zu tun gehabt?“ Die Antwort war immer: „Nein.“ Diese Form von Kritik kam immer aus einem, ich nenne es einmal: Bildungsbürgertum, ohne Kontakt zu Menschen mit Behinderung und ihrem Umfeld. Sie haben „Darf man das?“ gefragt, weil ihnen die Sicherheit einer echten Erfahrung mit Menschen mit Behinderung fehlte und sie nicht wussten, wie weit man mit Witzen gehen darf.

Der erfolgreiche Banker sitzt nach einem Unfall im Rollstuhl und leidet am meisten darunter, dass er kein funktionierendes Internet hat. Er ist derselbe Mensch wie vor dem Unfall, sitzt jetzt eben nur im Rollstuhl. Dadurch wird die Behinderung fast zu einer Nebensächlichkeit. Das ist mal ein gutes Thema für das Mainstream-Kino.

Alireza Golafshan: Zum Mainstream-Appeal muss ich auch noch etwas sagen. Wie schafft man es, dass ein Film erstens finanziert und zweitens am Ende tatsächlich gesehen wird? Dabei spielen immer am Ende namenhafte Schauspieler und Schauspielerinnen eine große Rolle. Es geht dabei um Marktzwänge und Forderungen nach bestimmten Besetzungen. Es gibt z.B. einen ungarischen Film [*Kills on Wheels*; H 2016, Regie: Attila Till], in dem drei Rollstuhlfahrer die Hauptrollen spielen. Den hat niemand gesehen, weil er nicht gut finanziert wurde und auch keine großen Namen dabei waren. Da müssen sich die Zuschauer auch selbst in die Verantwortung nehmen. Es ist nicht immer die Filmindustrie, die sagt: „Wir wollen namenhafte Leute.“ Die Zuschauer gehen nämlich nicht ins Kino, wenn nicht ein paar bekannte Namen auf dem Plakat stehen. Das muss man wissen, wenn man ein Thema einem breiteren Publikum zugänglich machen möchte, und nicht nur denen, die es sowieso schon kennen.

Glauben Sie, dass sich Menschen mit einer kognitiven Beeinträchtigung eher für komische oder für tragische Kontexte eignen? Wo ist die Gefahr größer, respektlos zu werden?

Alireza Golafshan: Diese Frage ist schwer zu beantworten. Ich würde auch in diesem Punkt nicht verallgemeinern. Was ich persönlich sagen kann, ist, dass ich als Zuschauer jene Filme nicht mehr sehen kann, in denen die tragischen Aspekte eines Lebens mit „geistiger“ Behinderung in den Vordergrund gestellt und ausgeschlachtet werden. Das ist eine Art von Film, die auch bei Akademien, die Preise verleihen, als problematisch angesehen wird, auch wenn solche Filme im Gewand der Kunst oder als besonders wertvoll daherkommen. Sie führen dazu, dass sich die Berührungsängste mit Menschen mit Behinderung bei den Zuschauern vergrößern, so dass sie z.B. Angst davor haben, ein Kind mit Down-Syndrom zu bekommen. Wie viele Filme gibt es, wo Abtreibung im Vordergrund steht, wo betont wird, wie schwer es als Mutter ist, ein Kind mit Down-Syndrom zu haben? Diese sogenannten „Problemfilme“ leisten einen großen Beitrag zur Stigmatisierung und Problematisierung von „geistiger“ Behinderung, obwohl sie immer so tun, als würden sie sich ernsthaft und niveauvoll mit dem Thema befassen. Das ist ein Bereich von Film, auf den ich persönlich allergisch reagiere.

Mein großer Wunsch ist, dass wir in einer inklusiveren Gesellschaft im kreativen Bereich mehr Ausbildungsmöglichkeiten für Menschen mit Behinderung schaffen. Das fängt schon damit an, dass man nicht erst ganz am Ende mit einem Diversitäts-Streuer über ein Casting geht und fragt, ob man noch eine Nebenrolle mit Menschen mit Behinderung besetzen kann – das ist viel zu spät! Man muss eigentlich gucken: Findet Inklusion schon in den Grundschulen, vielleicht schon in den Kindergärten statt? Bekommen Leute mit „geistiger" Behinderung oder anderen Formen von Behinderung die Möglichkeit, ein Handwerk professionell zu erlernen und ihre eigenen Geschichten aus ihrer Perspektive zu erzählen? In Bezug auf Menschen mit Migrationshintergrund passiert gerade einiges dadurch, dass an Filmuniversitäten und Filmhochschulen auf eine bestimmte Quote an Menschen mit Fluchtgeschichten geachtet wird. Die erlernen dann ihr Handwerk so, dass sie eine dramatische Fluchtgeschichte, so traurig sie auchist, in einen unterhaltsamen und spannenden zweistündigen Spielfilm packen können. Vor allem Bildungseinrichtungen müssen inklusiver werden. Im besten Fall ergeben sich dann in einem zweiten Schritt organisch inklusivere Projekte, ohne dass es sich gezwungen anfühlt, weil es eher beiläufig passiert. Dann werden z.B. Themen wie Behinderung thematisiert, ohne dass Behinderung dann gleich das größte Problem ist.

Sehen Sie es so, dass sich gerade ein Genre „Behinderten-Komödie" herausbildet?

Alireza Golafshan: Das kann man noch nicht sagen, weil es zu wenige Beispiele gibt. Auch die Bandbreite, wie ernst die Figuren genommen werden, ist sehr groß. In den 90er Jahren hat man sich noch erlaubt, politisch inkorrekte Komödien zu machen, in denen jemand die Rolle eines Behinderten spielt. Auch *Wo ist Fred?* [D 2006; Regie: Anno Saul] ist so ein Beispiel, eine vermeintliche Behinderten-Komödie, aber eigentlich wird das Setting nur für Gags ausgenutzt. Solche Komödien sind ein bisschen aus der Mode gekommen. Wenn so etwas mit „Behinderten-Komödie" gemeint ist, sollte man es nicht weiterverfolgen. Ich denke, dass Label immer schwierig sind, in welcher Form auch immer. Wenn die Leute sagen: „Deine Hauptfigur ist ein Rollstuhlfahrer," wehre ich mich dagegen: Nein, er ist kein Rollstuhlfahrer, genauso wenig wie ich nicht einfach ein Ausländer bin. Das ist ein Teilaspekt der Figuren und das zu sehen, ist die Herausforderung im Bereich Diversität.

Auf einigen Festivals muss man z.B. als Regisseur sehr intime Frage zum Thema „sexuelle Orientierung" beantworten, weil das Festival Diversität abbilden will. Ich frage mich: Warum muss ich, wenn ich meinen Film einreiche, im Formular angeben, was meine sexuelle Orientierung ist? Das ist vielleicht gut gemeint, überschreitet aber private Grenzen. Es bringt Stigmatisierung, wenn ein Film ausgewählt wird, weil ein queerer Regisseur oder eine queere Regisseurin dabei war oder jemand mit Behinderung. Im besten Fall geht es aber immer um die Werke und nicht um das Label. Wenn ein Film Behinderung zum Thema macht, umso schöner. Ich weiß nicht, ob ich es so toll finde, das Label „Behinderten-Komödie" draufzukleben.

Welches Forschungsthema „Film und geistige Behinderung" würden Sie interessant finden?

Alireza Golafshan: Mich würde interessieren, inwiefern in Institutionen und Gremien die Perspektive von Menschen mit „geistiger" Behinderung oder mit anderen Formen von Behinderung repräsentiert wird, beispielsweise in einem Auswahlgremium für eine Filmhochschule oder für eine Schauspielausbildung; oder in einem Gremium, das darüber entscheidet, welche Filme gefördert warden; oder in einem Auswahlkomitee für ein Filmfestival. Inwiefern ist dort die Perspektive von Menschen mit Behinderung vertreten? Ich denke, der Einfluss solcher Gremien ist extrem groß. Für mich wäre der natürlichste Weg, mehr Diversität in möglichst viele Bereiche des Filmschaffens zu bringen, die Perspektiven von Menschen mit Behinderung dort abzubilden, wo Projekte angeschaut und diskutiert und Bewerber und Bewerberinnen für Universitäten oder Schauspielausbildungen ausgewählt werden. Das ist ein Feld, das wenig beleuchtet wird. Der Ball wird dann an die Industrie und an die Regisseure abgespielt, denen gesagt wird: „Warum besetzt du nicht jemanden mit einer echten Behinderung?" – aber eigentlich benachteiligt das ganze Bildungssystem diese Menschen von vornherein systematisch.

Erde und Tschüss! (2021), Jürgen J. Köster

Production	Direction/Script: Jürgen J. Köster Production: compagnon cooperation inklusiver film, Martinsclub Bremen
Language	German
Main Casting	Isabel Gersiek Josua Rückels Ellen Stolte Philipp Oks Nina Bernsdorf Carl F. Simon Brinkmann Elizabeth Dinh Stefan Kieselhorst
Film Genre	Comedy
Internet	https://www.compagnons-film.com/

Synopsis

The film narrates the story of a spaceship crash which is linked to a global conspiracy. As Tarik, a bookseller from Bremen, and his friends try to help the unfortunate astronaut whose spaceship crashed, they are drawn deeper into a web of lies, truth, falsehood and reality. A group of strangers become friends as they attempt to uncover the truth about the real condition of polluted earth and its ecosystem. Even though they cannot foil the nefarious plans of the environment minister, the group moves together to a new, unspoiled country with promising opportunities and hope for future.

7th March, 2035 is the first of the nine days that will change the life of Tarik D'eau, a bookshop proprietor from Bremen, and his friends. On this day, Dr. Isa Tietze, an injured astronaut, gathers her remaining strength to seek help at Tarik's bookshop. The astronaut cannot remember the exact cause of the accident, but Isa Tietze suspects someone intentionally wanted to murder her. Fortunately, two of Tarik's friends work as private detectives. They are willing to uncover the mystery behind the Tietze's attempted murder which would have resulted in the erasure of scientific knowledge gained from her research in space. Meanwhile, the minister for environment and her assistant explain the urgency of "catching the astronaut – alive or dead" to the local police. Tarik and Isa flee, trying to evade the police. They find refuge at Bremen's local history museum where they run into world famous Bagpiper Sarah Bauer. Bauer invites them to a concert in a restaurant, which they agree to attend as Isa had been deprived of the pleasure of listening to live music for long. The police continue with their search of the duo and arrest them at the concert with a few other guests. The group consisting of Isa, Tarik, the bagpiper Sarah, the private detectives, a museum guide and a football trainer is taken to the Ministry of Environment where they are imprisoned in a makeshift cell. The Minister of Environment wants to keep the spaceship accident and murder attempts on astronaut under wraps. She blackmails the public prosecutor into sentencing the astronaut Isa Tietze. The public prosecutor refuses and insists on a fair process. The group flees the Ministry of Environment with the help of a hidden key and seek refuge at the football coach's clubhouse. Isa remembers a radio message she vaguely heard before the accident in space: A secret operation "Malachy 13", a universal chip cards programme supported by the Minister of Environment. The public prosecutor triangulates Isa's tip of a global conspiracy and enlists the police to find the minister of the environment, who is now on her way to the airport. A select group of rich elites equipped with chip cards, along with the Minister of Environment are fleeing to Mars. The Minister of Environment even manages to bribe the police officials to evade arrest and the group of rich elites take off for Mars to escape the contaminated earth.

Dr Isa Tietze proposes to move to a different country, a new country which is not as destroyed and affected by environmental catastrophes as the earth. On the ninth day after the spaceship crash, a new adventure begins for Isa, Tarek, and the private detectives, as their ship sets sail. They part ways with the football coach as he stays put in Bremen, unwilling to leave his team behind.

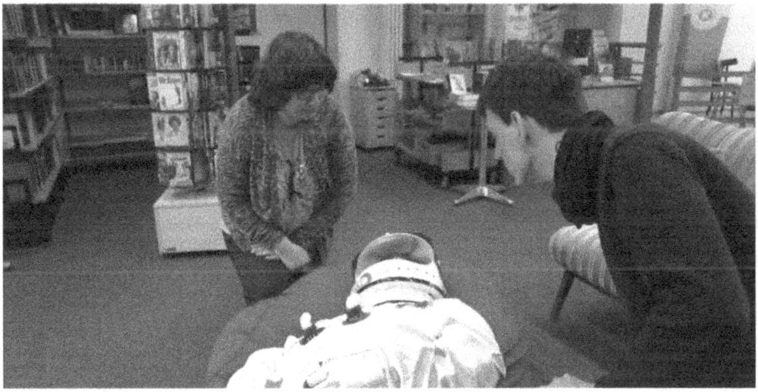

Fig. 5: *Erde und Tschüss!* 2021 (Screenshot)

Jürgen J. Köster

Since its foundation in 2010, the international association Compagnons Cooperative Inklusiver Film has produced several audiovisual works, all directed, produced, and scripted by mixed teams composed of people with and without disabilities. His cooperation accounts for a radical integration of people with disabilities, both in front of and behind the camera. Compagnons establishes inclusion and collective experiential knowledge during film production. This project was founded as part of the feature film project *Apostel & Partner*, funded by the Initiative for Social Rehabilitation e.V., Aktion Mensch and nordmedia. Compagnons has produced a total of seven films: four feature films (*Erde und Tschüss!, Shampoo Shampoo, Mae goes away, Apostel & Partner*) and three documentaries (*Zum Teufel mit den Barrieren, Endlich zu Hause, Mobbing und nun… Mobbing am Arbeitplatz*).

Jürgen Jakob Köster is the driving force behind this association for inclusive audiovisual creation. He is a German filmmaker, director, and lecturer in Disability and Media Studies. Köster produces movies, documentaries, and short films, which portray the complexity of disability, exclusion, and social discrimination. He was born in 1955 in North Rhine-Westphalia. After graduating from high school, he studied Education and Social Pedagogy at the University of Applied Sciences in Münster and at the University of Oldenburg. He completed his studies with two diplomas in Pedagogy. Since 1980, he has been active in film and theatre work, initially with patients of the child and adolescent psychiatric clinic of Osnabrück. In 1988 he founded the integrative film group Radio Parkstrasse, where people with and without disabilities produced films together. In the framework of this group, the documentary *Aufgetaut* was released in 1989, followed by the documentary *Kontakte oder Wo haben Sie Ihre Freundin her?* (1991), and two more short feature films: *Ich küsse den Vermieter!* (1992), and *Ohne Sinn, ohne Verstand, aber mit Bombe* (1993). In 1993, Köster started working as a lecturer for curative education. Until 1998, he was significantly involved in international productions, such as the documentaries *La boda* (Spain 1996) and *Pampelmusenmond* (France 1995), and several productions as scriptwriter and director produced by the transnational film cooperative Ciné-ci, of which he is the founder. In 2010, he founded the Compagnon Cooperation Inklusiver Film, which has produced multiple inclusive films. In 2021, *Erde und Tschüss!* was released by Compagnon in cooperation with Martinsclub/Bremen and Köster.

Diese Unbekümmertheit, dieses Direkte. Interview mit Jürgen J. Köster (17. März 2022)

Sie nennen sich Compagnons cooperative inklusiver Film für Menschen mit und ohne Behinderung. Wie kam es zu diesem Projekt?

Jürgen J. Köster: Ich bin von Beruf Diplom-Sozialpädagoge und Diplom-Pädagoge und habe mich im Rahmen des Studiums mit Film- und Theaterkonzeptionen auseinandergesetzt. Die Konzeptionen von Dario Fo, Bertolt Brecht und Augusto Boal haben mich besonders interessiert. Nach dem Studium habe ich angefangen zu filmen. Ich habe später die Filmgruppe Radio Parkstraße in Bremen gegründet. Menschen, die aus einer großen psychiatrischen Einrichtung sozusagen befreit wurden, haben in dieser Gruppe viele Spielfilme gedreht, die öffentlich gezeigt wurden und großen Anklang fanden. Diese Filmarbeit trug dazu bei, dass sich Menschen mit und ohne was auch immer näher kamen, lange bevor von Inklusion gesprochen wurde. Für die psychiatrierten Menschen bedeutete diese Arbeit eine gesellschaftliche Anerkennung.

Wir Compagnons haben uns vor 12 Jahren gegründet und wir haben mit der „Aktion Mensch e.V." eine Möglichkeit, inklusive Filmprojekte zu realisieren. Die „Aktion Mensch" und wir legen den Schwerpunkt auf den Prozess der Filmentstehung (Drehbuch, Planung, Casting, Proben, Dreharbeiten). Das Ergebnis, nämlich die Präsentation der Filme im Kino, war für alle Beteiligten aber auch sehr wichtig, um eine Resonanz auf unsere Arbeit zu bekommen.

Wir haben uns von Anfang an gefragt, wie denn bitteschön eine inklusive Zusammenarbeit hinter und vor der Kamera funktionieren kann. Mit dem Kernteam haben wir dazu einen Workshop entwickelt, der viele Fragen zur konkreten inklusiven Arbeit behandelte, wie z.B. humanistisches Menschenbild, Methodik und Medien, barrierefreies Arbeiten, inklusive Anpassung der Dreharbeiten und die Entwicklung einer inklusiven Struktur für die Produktionsleitung. Grundlegend in allen Tätigkeitsfeldern ist ein Konzept von Empowerment, das auf Erfahrungswissen der Mitwirkenden mit Behinderung und/oder mit psychischer Erkrankung basiert. Das Empowerment-Konzept zur Stärkung der Mitwirkenden bezieht sich auch auf Menschen ohne Beeinträchtigung. Geholfen haben uns bei seiner Entwicklung die Module der Genesungsbegleiter:innenausbildung (EX-IN, Initiative zur sozialen Rehabilitation e.V., F.O.K.U.S). Wir konnten so eine diverse und demokratischen Zusammenarbeit entwickeln.

Die Frage, ob jemand „geistig" behindert oder psychisch krank ist, hat sich relativ schnell nicht mehr gestellt. Wer in welchem Bereich tätig wird, entscheidet ein Gespräch zu Beginn der Produktion. Wir stellen Fragen, um Fähigkeiten zu besprechen und Hilfebedarfe auszuloten. Es geht zudem um Problemlösestrategien, um Fragen des Umgangs miteinander mit Kamera, Ton und Regie zu realisieren. Die Regie sollte in der Lage sein, das Erfahrungswissen der Mitwirkenden zu erkennen und konstruktiv z.B. in die rollenbiografische Arbeit einzubinden. Wir müssen gewährleisten, dass wir eine offene, vertrauensvolle, plausible Umgebung schaffen und zwar vor und hinter der Kamera. Dazu gehört auch, das Problemlöseverhalten aller Beteiligten zu verstehen und zu unterstützen.

Die Anfänge meiner inklusiven Filmarbeit begannen mit der Auflösung der Klinik Kloster Blankenburg. Durch die Bremer Psychiatriereform konnte diese Verwahranstalt aufgelöst werden und viele Insassen kamen zurück in ihre Heimatstadt Bremen. Mit einigen dieser Neubremer:innen habe ich in einer Tagesstätte gearbeitet und 1988 die Filmgruppe „Radio Parkstrasse" gegründet. Wir alle waren sehr motiviert, über das Medium Film Erinnerungen aus dem furchtbaren Anstaltsleben filmisch zu bearbeiten (*Aufgetaut*, 1989) um uns dann im nächsten Schritt mit der neuen Wohn- und Arbeitssituation der ehemaligen „Blankenburger:innen" auseinanderzusetzen (*Ich küsse den Vermieter*; *Ohne Sinn, ohne Verstand, aber mit Bombe*; *Kontakte oder Wo habe Sie Ihre Freunde her?*). Durch die neuen Lebenssituation der Mitwirkenden haben wir insgesamt eine unglaubliche Emanzipation dieser Menschen erlebt. Zum ersten Mal wohnten die meisten ehemaligen „Blankenburger:innen" in ihrem eigenen Zimmer oder in ihrer eigenen Wohnung und konnten immerhin einer regelmäßigen Beschäftigung nachgehen.

Wir, die Leute von Radio Parkstraße, waren dabei eine von acht Arbeitsgruppen innerhalb der Tagesstätte. Unsere Filme sind unbeabsichtigt oft satirisch dahergekommen, was auch daran lag, dass viele ihren Schmerz aus der Vergangenheit weglachen wollten. Gleichzeitig war es sehr traurig zu erleben, wie frustriert einige waren, ihr halbes Leben in dieser Anstalt versäumt zu haben. In didaktischer und methodischer Hinsicht standen wir vor großen Herausforderungen. Wie sollten wir Filme machen mit Menschen, die zu Beginn unserer Arbeit unglaublich viel Angst hatten, die kaum Texte auswendig lernen konnten und die sehr auf ihre Betreuer:innen fixiert waren? Unser Vertrauensverhältnis war die Grundlage dafür, dass die Schauspieler:innen authentisch und angstfrei vor der Kamera agieren konnten. Wir haben gemeinsam die Drehbücher entwickelt und dabei keine festen Texte zu Grunde gelegt. Vielmehr wurde jeweils zu einem bestimmten Inhalt improvisiert und jede/r konnte sich nach seiner Art des Ausdrucks darstellen. Durch diese demokratische Filmarbeit konnten sich die Menschen sehr gut emanzipieren und ihre schlimme Vergangenheit besser verarbeiten. Sie wurden vom Objekt zum Subjekt, also zu Menschen mit allen Rechten, die auch wir Normalverrückten haben.

Wie haben Sie Menschen mit „geistiger" Behinderung gecastet?

Jürgen J. Köster: Bei Radio Parkstraße arbeiteten wir fest mit acht Menschen mit geistiger „Gehinderung" zusammen. Dieses Wort, *Gehinderung*, hatten wir damals in Anlehnung an die WHO entwickelt. Der zufolge entsteht Behinderung erst durch Ausgrenzung und Isolation. Das heißt also, dass Menschen mit einer Schädigung oder Leistungsminderung Menschen *ohne* Behinderung sind. Denn erst, wenn sie daran gehindert werden, vollumfänglich an der Gesellschaft teilzunehmen und auf diese einzuwirken, entsteht die Behinderung. Bei Radio Parkstraße haben wir über Zeitung oder Radio Bremen externe Schauspieler:innen gewinnen können, die das Team temporär verstärkten. Zusätzlich gab es eine gute Zusammenarbeit mit dem Blaumeier-Atelier, über das wir hier potentielle Schauspieler:innen ansprechen konnten. Das Casting haben wir mit dem Kernteam durchgeführt, indem wir mehrere Interessenten eingeladen und gemeinsam Rollenspiele durchgeführt haben. So konnten wir durch die teilnehmende Beobachtung sehr gut feststellen, wer welche Rolle bekommen konnte.

Das Casting hat sich heute bei uns Compagnons cooperative inklusive Film geändert. Wir machen die Casting-Termine publik, und die zukünftigen Mitwirkenden erscheinen dann. Das Autor:innenteam entscheidet, wer welche Rolle bekommt. Bei der Rollenzuteilung geht es nicht um den sogenannten Schweregrad der Behinderung oder der psychischen Erkrankung, sondern lediglich um die Fähigkeiten, diese oder jene Rolle zu spielen. Zu Beginn des Castings gibt es mit allen Bewerber:innen eine Anfangsrunde. Die Anwesenden stellen sich vor und können auch etwas zu ihrer Person und zu Rollenwünschen sagen. Nach den gemeinsamen Aufwärmübungen improvisieren sie in Dreiergruppen zu verschiedenen Themen, z.B. dazu, wie man jemanden auf der Parkbank ansprechen kann. Falls jemand nicht sprechen kann, bieten wir Möglichkeiten, nonverbal zu spielen. Da jede:r Bewerber:in eine Rolle bekommt, fällt der Konkurrenzkampf komplett weg. Allerdings sind die Rollen natürlich unterschiedlich groß. Dadurch kann es hier und da Enttäuschungen geben, z.B. nicht die Hauptrolle bekommen zu haben. Durch Vorgespräche erfahren wir manchmal, dass Personen sich lieber alleine casten lassen wollen, weil sie z.B. Angst davor haben mit jemanden direkt zu sprechen oder vor einer Gruppe zu spielen. Auch hier passen wir uns an. Am Ende des Castings gibt es

Nachgespräche über Empfindungen beim Casting und persönliche Wünsche zu den Proben und Dreharbeiten. Das Autorenteam entscheidet abschließend nach Maßgabe der gewonnenen Informationen, wer welche Rolle bekommt. Zudem muss bei größeren Rollenbesetzungen immer geprüft werden, wie zuverlässig die zukünftigen Schauspieler:innen sind. Übrigens mussten wir bislang nicht einen Drehtag wegen Fehlens eines Akteurs ausfallen lassen. Eine starke Motivation mitzuwirken ist also deutlich spürbar.

Es ist erstaunlich, dass immer mehr Menschen mit Behinderung und/oder psychischer Erkrankung das Recht einfordern, gleichberechtigt im Film aufzutreten. Ich interpretiere das als positives Zeichen, dass gesellschaftliche Teilhabe selbstverständlich wird.

Wie kommen bei Ihnen Menschen mit „geistiger" Behinderung zu Wort? Dürfen sie über ihre Weltsicht sprechen und entwickeln sie dann gemeinsam die Szenen? Gibt es ein Wechselspiel zwischen Text und Improvisation?

Jürgen J. Köster: Grundsätzlich soll jeder nach seiner Fasson umfänglich beteiligt werden. Bei Menschen, die mehr abstrakt denken, fragen wir sein/ihr Erfahrungswissen ab und welche Themen im Vordergrund stehen. Es ist nicht möglich, pauschal zu sagen: „Du hast eine geistige Behinderung und deshalb greifen folgende Methoden und Hilfsmittel, um dich am Drehbuch oder an anderen Szenen partizipieren zu lassen." Vielmehr geht es darum, den Umgang und die Hilfe individuell anzupassen.

Wir wollen auch keine Diagnosen wissen. Kenntnis über akute Erkrankungen brauchen wir schon, weil es die Arbeit direkt betrifft, z.B. wenn jemand stressbedingt Anfälle bekommen kann. Wenn wir den Eindruck haben, jemand möchte nicht gerne reden, oder wenn jemand nicht reden kann, entwickeln wir entsprechende Rollen. Wenn Menschen den ganzen Filminhalt abstrakt nicht verstehen können, reduzieren wir ihn auf das Wesentliche und spielen auch Szenen an, um sie begreifbar zu machen. Es gibt Menschen, für die selbst diese Herangehensweise zu komplex ist. Dann halten wir uns an eine konkrete Szene und an Dinge, die konkret erfahrbar sind. Ich habe festgestellt, dass diese Schauspieler:innen oft bei der Präsentation im Kino den Film verstehen.

Wenn die Themen des Drehbuches festgelegt sind, entwickeln wir eine Grobstruktur, (Treatment). Danach schreiben wir ausführliche Rollenbiografien. Die Interpretation der Rollen lässt viele Möglichkeiten zu. So kann eine Rolle z.B. eher ruhig und sachlich oder im Gegenteil aufbrausend gespielt werden. Oder wir fragen danach, welche Teile der Biografie zu diesem oder jenen Verhalten geführt haben. Wir arbeiten in Kleingruppen, damit die verschiedenen Interpretationen auch in spielerische Improvisationen umgesetzt werden können. Wir achten darauf, dass jede/r, auch der der zurückhaltendste Mensch, die Möglichkcit bckommt, seine Ideen vorzustellen und zu umzusetzen.

Sind Treatment und Rollenbiografien geschrieben, werden alle Szenen geschrieben und verschiedene Möglichkeiten durch Anspielen der Szenen konkret erfahrbar gemacht. Das ermöglicht auch den Menschen, die nicht so abstrakt denken können, diese Szenen zu verstehen. Jede/r Autor:in bekommt eine Rolle, die er im Drehbuch vertreten soll, zugeteilt, am besten die Rolle, die er/sie im Film auch spielt. Die sprachlichen und mimisch-gestischen Ausdrücke sind sehr vielfältig. Wir achten darauf, dass ebenso persönliche Anteile der Darsteller:innen eingearbeitet werden. Dabei bringt das Drehbuchschreiben auch Konflikte mit sich, z.B. wenn jemand in einer Szene unbedingt etwas durchsetzen möchte. Solche Konflikte begrüßen wir ausdrücklich, weil wir über sie meist zu den besten Lösungen kommen. Zudem steigt mit ihnen die Fähigkeit aller Beteiligten, gerade auch der Menschen ohne Behinderung oder psychische Erkrankung, Konflikte zu lösen.

In unserem Film *Erde und Tschüss!* (2021, in Zusammenarbeit mit dem Martinsclub e.V.) haben wir eine neue Methode der Drehbuchentwicklung angewendet. Da sich viele Mitwirkende nicht so gut ein ganzes Drehbuch vorstellen, geschweige denn eines entwickeln können, haben wir Interviews in der Großgruppe durchgeführt, die wir mit der Kamera aufgezeichnet haben. Die Fragen bezogen sich zunächst auf die Lebensbereiche Wohnen, Arbeiten und Freizeit. Anschließend haben wir nach Lieblingsfilmen und nach Rollenwünschen gefragt. Dabei wurde sehr schnell klar, dass die Hauptthemen Weltraum, Klimawandel und Solidarität sein sollten. Ich habe mit meiner Kollegin Elizabeth Dinh das Treatment geschrieben und dieses anschließend im Plenum mit allen Schauspieler:innen besprochen. Es gab diverse Änderungen. Erst danach wurde das Drehbuch geschrieben. Die Probezeit wurde genutzt, einige Szenen zu spielen, um damit verschiedene Rolleninterpretationen zu klären. Außerdem konnten die Teilnehmer:innen und wir auf diese Weise feststellen, an welchen Stellen das Drehbuch noch nicht rund war.

Den Akteur:innen, die mitgespielt haben, war bewusst, dass die Situation auf der Erde nicht so toll ist. Auch im Kino haben wir später bemerkt, dass der Film sie sehr angesprochen hat. Sie haben sich sehr amüsiert über sich selber und über die Anderen. Viele Akteur:innen sahen sich zum ersten Mal auf einer großen Leinwand, und der anhaltende Beifall des Publikums war eine Bestätigung unserer Arbeit.

Verändert sich Ihre Art zu filmen, wenn Menschen mit „geistiger" Behinderung dabei sind?

Jürgen J. Köster: Ja. Die Dreharbeiten werden durch die Mitwirkung von Menschen egal mit welchem Hilfebedarf sehr verändert. Wir haben Methoden für Menschen mit Behinderung entwickelt, die auch den nichtbehinderten Menschen und den Kamera- und Tonleuten zugutekommen. In allen Arbeitsphasen, vom Drehbuch bis zur Präsentation, führten wir eine Anfangs- und eine Abschlussrunde ein. So konnte jede und jeder alles ansprechen, was ihm/ihr wichtig war, z.B. persönliches Empfinden, Fragen zu den Aufgaben oder Forderungen nach Anpassung. Da wir die Akteur:innen gut kennengelernt hatten, wussten wir, wer einen, zwei oder keinen Satz auswendig lernen kann oder an welchen Stellen der Arbeit Momente vorkommen, die für den einen oder anderen schwierig sind.

Eine besondere Bedeutung hat bei unserer Arbeit der Humor. Wer lacht und locker ist kann eben besser arbeiten als jemand, der ständig unter Stress steht. Das gilt selbstverständlich auch für Menschen ohne Behinderung und ohne psychische Erkrankung. Vom Anspruch der Professionalität her arbeiten wir aber wie andere Filmteams. Stellen Sie sich vor, Sie machen einen schlechten Film, in dem Behinderte mitwirken – das wäre eine große Enttäuschung.

Professionell arbeiten heißt auch, Drehorte zu finden und zu gestalten. Ebenso müssen die Kameraeinstellungen und der Ton geplant, das Licht gesetzt werden. Eine Person macht die Filmklappe, eine andere die Aufnahmeleitung. Unsere Kameraleute berichten, dass sie es genießen, mit uns zu arbeiten, da es meistens locker und unverkrampft am Set zugeht. Dennoch gibt es auch Stress, z.B. an langen Drehtagen, die wir möglichst vermeiden. Falls ein Akteur bemerkt, dass ihm alles zu viel wird, dass er sich aber nicht traut, dies in der großen Runde zu sagen, kann er den Regisseur oder die Regieassistenz ansprechen mit der Bitte nach einem Gespräch außerhalb des Teams. So stauen sich Probleme nicht an und die Stimmung wird wieder besser.

Klar ist auch, dass Menschen, die nicht so gut Texte behalten können, stressfrei mehrere Aufnahmeversuche bekommen. Das ist der Vorteil beim Film: Die Aufnahmen können so oft wiederholt werden bis sie im „Kasten" sind. Bei Profischauspieler:innen ist das sicherlich anders, da sie gelernt haben, ihre Texte komplett auswendig zu lernen. Wir drücken Menschen keine Rolle auf, sondern wollen entdecken, welche Rollen sie spielen können. Das ist ein anderer Ansatz als der der traditionellen Filmwelt. Durch unsere Schauspieltrainer und mich als Regisseur haben wir die Möglichkeit, auf diese Entdeckungsreise zu gehen.

Drehen Sie ganz bewusst mit Amateuren?

Jürgen J. Köster: Wir haben auch ab und zu Profischauspieler eingebunden. In *Erde und Tschüss!* z.B. konnten wir zwei Nebenrollen mit Profis besetzen. Aber klar, die weitaus meisten Schauspieler:innen sind Amateur:innen. Sie haben ungefähr ein halbes Jahr vor Drehbeginn einmal pro Woche ein intensives Schauspieltraining von jeweils vier Stunden. Dabei gilt es herauszufinden, wer welche Rolle authentisch spielen kann. Außerdem wird durch die Proben die Angst vor der Kamera und vor der Technik insgesamt genommen. Das ist wichtig, um authentisch zu wirken.

Haben Sie so etwas wie ein festes Ensemble?

Jürgen J. Köster: Wir haben einen festen Stab von ca. zwanzig Leuten. Dieses Team ist mittlerweile – nach zehn Jahren, also seit es uns Compagnons gibt – gut ausgebildet. Mit der „Aktion Mensch“ sind wir der Meinung, dass es besser ist, trotzdem ein offenes Team zu haben. Es können also immer wieder neue Menschen mit und ohne Behinderung oder was auch immer dazu kommen. Unser neuester Film, die Staffel *Shampoo – Shampoo* mit einer Gesamtlaufzeit von ca. 160 Stunden, in Kinoversion ca. 120 Minuten, wurde zur Hälfte mit neuen Schauspieler:innen besetzt. An diesem Großprojekt wirkten insgesamt hundert Menschen vor und hinter der Kamera mit.

Welche Motivation haben Ihre Schauspieler, auf die Leinwand zu kommen?

Jürgen J. Köster: Die Motivationen der Schauspieler:innen sind sehr unterschiedlich. Einige wollen gerne professionelle Schauspieler werden, anderen ist es wichtig, etwas mit dem Film zu bewirken oder einfach einmal im Mittelpunkt zu stehen. Die Motivation hängt bei vielen Menschen mit Behinderung und/oder psychischer Beeinträchtigung mit Diskriminierungserfahrungen und Barrieren zusammen. Durch ihre Mitwirkung an einem Film beweisen sie: He Leute, ich gehöre auch dazu! Menschen wie wir gehören auch auf die Leinwand! Unser Bemühen um eine repressionsfreie und tolerante Umgebung ist für diese Menschen bei der Überwindung von Ausgrenzungserfahrungen sehr wichtig. Die „Aktion Mensch“ zeichnet dabei aus, dass sie genau diesen Prozess fördert. Und natürlich sind hier alle stolz auf ihre Arbeit. Wir zwar machen ausdrücklich keine therapeutische Arbeit, aber der Nebeneffekt vom Filmemachen ist, dass die Leute sich sagen: Ich kann's und ich habe Power!

Dazu kommt, dass sich die Medienlandschaft in den letzten Jahrzehnten sehr verändert hat. Viele Menschen mit Behinderung haben einen viel besseren Zugang zu Filmen, und dadurch entwickelt sich bei einigen die Motivation, selber eine Rolle zu spielen oder andere Aufgaben zu übernehmen. Wir Compagnons fordern, dass Menschen mit Behinderung und/oder psychischer Erkrankung vermehrt in den Medien auftreten.

Wie sind ihre Erfahrungen mit der Mischung aus Menschen mit und ohne Behinderung? Sorgt diese Mischung für eine gute Atmosphäre, die nicht auf Wettbewerb ausgerichtet ist?

Jürgen J. Köster: Die Menschen im Team, hinter und vor der Kamera, schauen anfangs schon darauf, wer eine Behinderung und/oder psychische Erkrankung hat und wer nicht. Das spielt dann aber ganz schnell überhaupt keine Rolle mehr. Es entwickeln sich Bekanntschaften und Freundschaften, die über den Dreh hinausgehen. Während der Pausenzeit kann man gut beobachten, wer mit wem spricht. Auch hier sehen wir, dass Behinderung und Nichtbehinderung keine Rolle spielen. Dass sich das so entwickelt hat, liegt sicher auch an unseren Anfangs- und Reflexionsrunden. Die Mitwirkenden können sich bei der Kontaktaufnahme untereinander auf diese Runden beziehen und schon ist die Kommunikation hergestellt.

Was hat Sie in den Jahren in der Zusammenarbeit mit Menschen mit „geistiger" Behinderung am meisten überrascht?

Jürgen J. Köster: Diese Unbekümmertheit, dieses Direkte. Da wird nicht lange drumherum geredet. Die Menschen, die aus der psychiatrischen Klinik Kloster Blankenburg zurück nach Bremen kamen, haben anfangs sehr ängstlich und überangepasst gewirkt. Kein Wunder, wenn der eine oder andere, laut Aussagen mehrerer ehemaliger Patienten, zur Strafe in den Leichenkeller gesperrt worden war. Nach ihrer Befreiung hat es keine sechs Wochen gedauert und viele durch Isolation verursachte Verhaltensweisen waren verschwunden. Das lag sicher an der neuen Lebenssituation in Bremen. Die jüngeren Menschen mit Behinderung haben diese traumatische Erfahrung zum Glück nicht gemacht. Sie wirken wesentlich selbstbewusster und sicherer als die ehemaligen Patient:innen aus der Klinik Kloster Blankenburg.

In Bremen gibt es die Landesarbeitsgemeinschaft Selbsthilfe e.V., in der wir auch Mitglied sind. Hier sind viele Menschen mit Behinderung und psychischer Erkrankung organisiert. Das einmal jährlich stattfindende Behindertenparlament und die Protesttage für Inklusion bilden aktuell einen guten unterstützenden Rahmen für Inklusion in vielen Lebensbereichen.

Haben Sie Reaktionen aus dem Publikum erlebt, die Sie bemerkenswert fanden?

Jürgen J. Köster: Es gibt immer Menschen im Publikum, die sich beschweren, dass Menschen mit Behinderung oder/und psychischer Erkrankung zuweilen eine vulgäre Sprache benutzen oder Sexualität zum Thema machen. Sie finden es nicht angemessen, dass „Behinderte" so auftreten. Diese Einstellung verrät ein defizitäres und ausgrenzendes Menschenbild. Der freie Wille wird in Frage gestellt und der Nichtbehinderte bestimmt, was der Behinderte zu sagen hat und was nicht. Frei nach dem Motto: Wir wissen, was für dich gut ist! Ihr seid ja behindert und wisst sowieso nicht, was ihr redet. Man muss nicht alles gut finden, was Menschen mit Behinderung sagen und tun. Aber die eigene Kritik an Behinderung festzumachen und damit zu begründen, dass jemand behindert ist, ist stigmatisierend.

Insgesamt erleben wir von Bremen bis Mönchengladbach viele sehr positive Reaktionen des Publikums. Ich habe den Eindruck, dass viele Zuschauer:innen es als innere Befreiung erleben, im Kino zu sehen, dass die Beziehungen zwischen Menschen mit und ohne Behinderung zuweilen auch konflikthaft funktionieren. Allerdings haben wir ein Problem damit, dass Menschen unsere Filme durch eine inklusive Filmbrille sehen. Die Leute kommen ins Kino und trauen sich nicht, den Film inhaltlich zu kritisieren. Sie wollen offensichtlich die Menschen, die mitwirken, nicht verletzen. Das ist aber aus meiner Sicht eine positive Diskriminierung.

Unser neuer Film *Shampoo – Shampoo* ist vielleicht deshalb unsere bislang bissigste Komödie geworden, weil wir zeigen wollen: Wir können auch anders, nehmt unseren Film genauso ernst, wie ihr andere Filme ernst nehmt! Vielleicht bin ich da etwas ungeduldig, denn auch Inklusion braucht ihre Zeit, um sich zu verankern.

Glauben Sie, dass Menschen mit „geistiger" Behinderung eher in Komödien oder eher in Tragödien richtig gut spielen?

Jürgen J. Köster: Nach der Vorstellung unseres Filmes *Erde und Tschüss!* fragte mich ein Zuschauer, wie wir es schaffen, diesen Humor zu entwickeln. Die Frage ist schwierig pauschal zu beantworten. Es liegt zum einen am Drehbuch, zum anderen an dem Schauspiel und an unserem Vorbild Dario Fo. Manchmal glauben wir, dass eine bestimmte Situation witzig und zum Lachen ist, aber das Publikum lacht dann über eine ganz andere Situation.

Pauschal kann ich nicht sagen, ob Menschen mit „geistiger" Behinderung besser in einer Komödie oder besser in einer Tragödie spielen können. Sie sind eben genauso unterschiedlich wie Menschen ohne Behinderung. Es gibt einen schönen Film mit Daniel Auteuil, *Der achte Tag* [*Le Huitième Jour*, Belgien/Frankreich 1996, Regie Jaco van Dormael], der sowohl eine humoristische als auch eine tragische Seite hat. Seine leichte Erzählweise gefällt mir sehr. Unser Team bevorzugt so eine Erzählweise, weil mit ihr schwere Themen besser zu verdauen sind.

Haben Sie aus dem Publikum schon einmal den Vorwurf gehört, dass die Menschen mit „geistiger" Behinderung gar nicht verstehen, was sie spielen?

Jürgen J. Köster: Wie ich bereits sagte: Es ist unser Job, die Inhalte der Filme für die Mitwirkenden transparent zu machen. Und ja: Es kommen einige wenige Leute nach der Vorstellung und fragen nach der Verständlichkeit für die Protagonist:innen. Ich leite diese Zuschauer:innen direkt an die Schauspieler:innen, die im Kino sind, weiter. So kann ein direkter Austausch stattfinden. Es wird oft unterschätzt, was Menschen mit „geistiger" Behinderung verstehen. Nur weil wir als nichtbehinderte Wesen vielleicht hier und da abstrakter denken können, können Menschen mit Behinderung auf anderen Ebenen uns weit voraus sein, z.B. im Bereich Empathie und im Zeigen von Gefühlen.

Wie sind die Rezensionen zu Ihren Filmen?

Jürgen J. Köster: Wir haben eher positive, manchmal aber auch kritische Rezensionen. Die *taz Nord* hat uns „Volkskino" genannt. Der Journalist fand es gut, dass alle Leute, die sich bewerben, kommen und sich beteiligen können.

Wir werden oft als pädagogisches Filmteam wahrgenommen, das das Medium Film nutzt, um Inklusion zu erreichen. Der fertige Film spiegelt tatsächlich viele Erfahrungen dieser inklusiven Gruppen wider, die professionell in Szene gesetzt werden. Selbstverständlich arbeiten wir pädagogisch, indem wir ein inklusives Konzept anwenden. Aber das schließt künstlerische Qualität ja nicht aus. Viele Leute sind erstaunt über die Qualität der Produktion.

Die oben beschrieben Zurückhaltung der Kritik zum Film bleibt ein Problem. Es mag ehrenwerte Motive geben – z.B., dass man uns vor negativen Beurteilungen schützen möchte –, aber das wirkt auf uns wie eine Degradierung unserer Arbeit. Sollte ein Schauspieler anfangen zu weinen, weil er kritisiert wurde, können wir uns damit auseinandersetzen und daraus lernen. Insgesamt sind wir aber zufrieden mit den Rezensionen und vor allem mit den Reaktionen aus dem Publikum. Nach den Filmpräsentationen haben wir oft noch lange Nachgespräche mit den Anwesenden. Wir freuen uns über diese Resonanz, die dazu führt, dass unsere Vorstellungen sehr gut besucht sind. Die Zuschauer:innen nehmen eine Idee von Inklusion aus dem Kino mit. Viele sind sehr überrascht darüber, wie schnell sie vergessen haben, dass in unseren Filmen

Menschen mit und ohne Behinderung zusammen spielen. Sie sagen, dass der Inhalt des Filmes mehr und mehr in den Vordergrund gerückt ist. Diese Erfahrung wird weitererzählt, vielleicht auch mit der Einschätzung, dass inklusive Teams viel besser funktionieren als homogene Gruppen, weil Vielfalt mehr emotionales, kognitives und soziales Wissen bringt.

Was wäre für Sie „der" inklusive Film?

Jürgen J. Köster: Ich wünsche mir, dass alle Filmschaffenden sich dafür einsetzen, Rollen inklusiv zu besetzen. Dustin Hofmann spielt in *Rain Man* [USA 1988; Regie: Berry Levinson] zwar den „perfekten" Autisten, wahrscheinlich weil er sich gut vorbereitet hat, doch bleibt die Frage, warum die Rolle nicht ein Autismus-Experte spielt, nämlich ein Mensch, der selbst davon betroffen ist? Der ideale inklusive Film wäre für mich einer, der nicht mehr erkennen lässt, dass er inklusiv ist, weil es normal geworden ist, solche Filme zu machen.

Worüber sollte geforscht werden?

Jürgen J. Köster: Für mich wäre es wichtig zu erforschen, inwieweit inklusive Teams eine höhere Arbeitszufriedenheit erreichen als Teams, die ohne Menschen mit Behinderung arbeiten. Da inklusive Arbeit besondere Empathie voraussetzt, erzeugt sie, so meine Hypothese, weniger unangenehmes Mobbing oder Bossing. Darüber hinaus sollten auch der inklusive Prozess und das Ergebnis unter die Lupe genommen werden. Davon erhoffe ich mir u.a. mehr Wissen über angemessene Methoden und Medien.

Ein weiteres Forschungsthema wäre die Frage, warum die etablierte Filmförderung sich so schwer damit tut, inklusive Filmprojekte zu fördern. Das nicht zu tun, bedeutet für uns eine Ausgrenzung. Menschen mit Behinderung und/oder psychischer Erkrankung könnten mit Filmförderung Geld verdienen und bekämen eine verdiente finanzielle Anerkennung.

Die „Aktion Mensch" kann Menschen vor der Kamera nicht bezahlen, weil das ihre Kapazitäten sprengen würde. Wir sind dankbar, dass die „Aktion Mensch" überhaupt den Prozess des Filmschaffens ermöglicht hat. Wir wollen aber erreichen, dass das Gleichstellungsgesetz bei den Filmförderern Anwendung findet. So könnten in den Entscheidungsgremien auch Menschen mit Behinderung und psychischer Erkrankung sitzen. Nichtförderung bedeutet nämlich, dass 10 % der Bevölkerung im TV oder im Kino kaum angemessen abgebildet werden. So ein inklusives Gremium könnte natürlich auch das eine oder andere Projekt ablehnen, aber dann aus dramaturgischen, fachlichen oder stilistischen Gründen.

Das heißt, ihre Schauspieler bekommen kein Geld für ihre Arbeit?

Jürgen J. Köster: Nein. Nur die Leute, die hinter der Kamera aktiv sind, bekommen Geld, also die Kameraleute, Ton, Produktionsleitung und Regie.

Familiye (2017), Kubilay Sarikaya/Sedat Kirtan

Production	Direction/Script: Sedat Kirtan, Kubilay Sarikaya Production: Emre & Klein Capital Film, Lynarwood Filmproduktion, Paloma Film
Language	German
Main Casting	Arnel Taci: Miko Tanis Kubilay Sarikaya: Danyal Tanis Muhammed Kirtan: Muhammed Tanis, "Momo" Violetta Schurawlow: Sila
Film Genre	Drama

Synopsis

The film is the story of the Tanis brothers in a borough of the German capital: Berlin-Spandau-Neustadt. The oldest of the three siblings, Danyal, is freshly released from a five-year prison sentence. He earned more than 50,000 € through dealing drugs but his younger brother, Miko, spent all his brother's earnings and assets on gambling in casinos and betting offices. Miko is aware of his gambling addiction but continues to borrow money which he cannot pay back. This creates several life threatening and violent altercations between him and the moneylenders. Muhammed, the youngest brother, has Down syndrome. Danyal's incarceration puts Miko's and Muhammed's life at risk as he is not around to protect his brothers. Muhammed is supervised by a social worker, Mr. Mais, who also keeps an eye on Miko and Danyal. He helps Miko in filling applications to avail social welfare benefits. As Miko spirals down the gambling addiction, Muhammed suffers neglect. Mr. Mais' supervisor at the social welfare office wants to relocate Muhammed to the Matthiasstift, a care home for people with disabilities. Muhammed enjoys Mr. Mais's visits. They visit a local music store where Muhammed can play drums for an hour by paying 5 €, this is sponsored by Mr. Mais, who pays for it out of his own pocket.

After Danyal is released from the prison, he wants to improve their lives and starts looking for jobs for Miko and himself. However, both of them fail in their attempts to find permanent employment. Miko is provoked by a customer at his job at a car wash and gets in a fight, both Danyal and Miko are fired. While working at a friend's bakery, Miko cannot resist gambling and partying and chooses it over working. He prefers lazing in a corner to sleep off his drunkenness.

The brothers are dealing with not just unemployment but also an uninvited guest in their apartment. Sina Morgenstern, a young woman who escaped from a psychiatric clinic, was offered refuge in their flat by Muhammed. Initially, Miko puts his foot down and does not want Sina to live with them, but as he sympathizes with her and learns of her money, he relents and lets her stay. One day, Sina loses control, attacks a seller and bites him in his neck. Danyal and Miko get into a violent argument. Sina and Muhammed disappear but Muhammed is assumed to be at Matthiasstift. Fortunately, Mr. Mais returns with Muhammed and urges Danyal and Miko to take better care of Muhammed and treat him like family. The financial stress forces Danyal to rejoin the drug business. Two former accomplices threaten Miko because of his debts and Danyal wants to pay them off. Danyal's former partners kidnap Muhammed for a ransom. As Danyal tries to free his brother, Muhammed escapes from his kidnapper's car with a revolver and while trying to rescue Danyal, shoots his brother instead of the man who kidnapped him. Danyal survives the shot and returns to dealing drugs with his former partners and Miko and Muhammed visit Sina in the hospital.

Fig. 6: *Familiye*, 2017 (Screenshot)

About the director

Born in 1974, Kubilay Sarikaya grew up in the Wedding district of Berlin. As the son of a Turkish father and a Kurdish mother, Sarikaya dedicated himself to projects dealing with integration. At the age of 11, he attended the ensemble of the Tiyatrom Theatre Berlin as a member, where he performed until 2000. During this period, he was involved in social work and led projects with focus on addiction and violence prevention. From 2001 to 2006, he worked with mentally and physically disabled people at the Lebenshilfe Havelland. During these years he occasionally acted in films, some of which include *The Lovers from the Hotel of Osman* (2011), *Urban Guerillas* (2003) and *Jack and Bob* (2005), a short film comedy by Erhan Emre.

With the experience he gained at the Tiyatrom Theatre, Sarikaya was able to develop independent theatre projects in Germany. He conducted theatre workshops and organized school plays. He continued to work as a social worker and also managed upcoming musical talents who were relatively unknown back then like Rapper Massiv. As a director, Sarikaya first ventured to make documentaries in 2007 and 2008. He founded his film production company with his partner Sedat Kirtan. The company was named Lynarwood, after the Lynar Street in Berlin-Spandau. The Spandau neighbourhood was also the setting for the duo's first long film, a docudrama titled *Verzokkt* (2012). In 2015 Kirtan and Sarikaya began filming *Familiye* (released in 2018). In their feature film debut, Sarikaya was engaged in the capacity of a producer, director, writer, and actor. *Familiye* premiered in 2017 at the Filmfest Oldenburg where it was awarded the German Independence Award. One year later, with its official release in Germany, the film won the Preis der deutschen Filmkritik (German Film Critics Award).

Eine Geschichte über drei Brüder, in der es um Zerrissenheit geht. Interview mit Kubilay Sarikaya (14. Juni 2022)

Wie kam es zu der Idee zu Ihrem Film?

Kubilay Sarikaya: Ich habe knapp sieben Jahre in der Lebenshilfe gearbeitet und hatte dort unter anderem auch mit Menschen mit Down-Syndrom zu tun, die härteren Fälle. Die Menschen waren in der Wohnstätte, weil es familiäre Probleme gab. Ich bin familiär, traditionell, kulturell so erzogen worden, auf alles, was scheinbar schwach ist, mit Respekt, Anstand und Zuvorkommenheit zu reagieren. Das hat mich damals dazu getrieben, zur Lebenshilfe zu gehen. Ich bin kein Pfleger, ich habe mich eigentlich aufgedrängt. Eigentlich wollte ich nur sechs Monate bleiben. Im Endeffekt ist dabei ein Kurzfilm herausgekommen, den ich über einen Menschen mit Einschränkungen gedreht habe. Da habe ich überhaupt erst die Arbeit mit Muhammed [der Hauptdarsteller mit Down-Syndrom aus *Familiye*] in Erwägung gezogen.

Ich bin sozusagen auf der Straße groß geworden, und da gab es nicht viel Kontakt mit Menschen die Einschränkungen haben, vielleicht einen Nachbarn im Rollstuhl oder eine ältere Dame, die sich nicht bewegen konnte. Aber wirklichen Kontakt im Alltag oder auf Reisen und beim Sport hatte ich nicht. Ich konnte mich erst spät in meinem Leben mit Behinderung nicht nur menschlich, sondern auch intellektuell auseinandersetzen. Aber es hat einen anderen Menschen aus mir gemacht. Das ist ein sehr wichtiger Punkt, worüber ich jetzt im Verlauf des Gesprächs viel reden möchte. Denn nun versuche ich, die Menschen in meinem Umfeld zu animieren, nicht wegzuschauen, ganz besonders natürlich nicht bei Missbrauchsfällen. Denn wenn Menschen sich nicht artikulieren können, ist das ein Riesenproblem, nicht nur in Deutschland, sondern überall.

Bitte erzählen Sie uns von dem Kurzfilm, den sie gedreht haben.

Kubilay Sarikaya: Der Film heißt *Winterstiefel*. Es geht um einen Mann, der, wenn man ihn privat auf der Straße treffen würde, von den Gesten und der Körpersprache her nicht von Ihnen oder mir zu unterscheiden wäre. Allerdings ist er geistig im Alter zwischen vier und sieben Jahren hängen geblieben. Der Junge ist sehr testosterongeladen. Ich hatte große Schwierigkeiten mit ihm. Ich habe ihn mir als schwierigsten Fall rausgenommen und mit ihm so sechs bis acht Monate gearbeitet. Ich habe mich jeden Tag intensiv mit ihm beschäftigt, war mit ihm auch in Discos, Partys von der Lebenshilfe hier in Berlin. Ich habe ihn in seinem Alltag auf Film aufgenommen, um ihm zu zeigen, was ich so mache und wie er ist. Da sind krasse Sachen rausgekommen und es war schwierig, weil er älter war als ich. Die Generation seiner Eltern ist schon etwas altmodischer. Die stellen sich Fragen wie: Was kann man zeigen? Wo hört die Würde des Menschen auf? Wo beginnt Kunst? Kann man den Film überhaupt als Kunst bezeichnen?

Erzählen Sie uns etwas über Muhammed, den Hauptdarsteller von *Familiye*.

Kubilay Sarikaya: Ich habe Momo erst nach meiner Zeit bei der Lebenshilfe, so 2004, 2005 kennengelernt, zusammen mit seinem Bruder. Der Cousin von Momo ist mit meiner Tante verheiratet. Momo hat zehn Brüder, und so ist der auch durchs Leben gegangen, im Kiez. Man merkt das an seinem Selbstbewusstsein. Den hat keiner einfach so mal angebaggert.

Muhammed hat irgendwie seinen Weg gefunden. Es gibt keine Einschränkungen, es gibt nur verbaute Welten für mich. So haben wir auch mit den Medien kommuniziert, haben gesagt: „Ey, wenn ihr redet, das ist hier kein behinderter Mensch." Ich mag dieses Wort sowieso nicht. Die Menschen, die das Drehbuch geschrieben haben, das Treatment, sagten immer: „Muhammed, ein Mensch mit Einschränkungen." Dann haben die Medien geschrieben: „Da spielt einer mit, der leidet am Down-Syndrom." Warum leidet der? Leidest du daran, ein Deutscher zu sein? Leidest du daran, ein Preuße zu sein oder ein Magdeburger? Hört auf, so zu kommunizieren, du kennst doch diesen Menschen gar nicht. Du weißt doch gar nicht, wie der durch's Leben geht, und diese Sensibilität, die mussten wir rüberbringen, und deshalb musste dieser Film auch in die Kinos, der musste den Menschen ins Gesicht geschlagen werden.

Ich wusste, wenn ich zu meiner Lebenshilfe gehe, wie ich dort als Regisseur drehen kann, das wird keiner so schnell nachmachen. Ich bin der Meinung, wenn du authentische Geschichten erzählst, dann musst du dich mit den Menschen beschäftigen und dir die Zeit dafür nehmen. Das bedeutet, du musst dich auf eine Reise einlassen, und nicht, weil ARD und ZDF zwei Millionen auf den Tisch gelegt haben, da mache ich jetzt mal einen Film draus. Das ist nicht mein Ding. Ich dachte mir, wir machen was ganz Anderes. Wir machen eine Geschichte über drei Brüder, in der es um Zerrissenheit geht, ob jemand nun das Down-Syndrom oder Suchtprobleme hat. Die meisten Menschen denken, dass ist ein Film, schwarz-weiß, Gangster-Milieu usw. Du hast eine Waffe gesehen, Drogengeschäfte, kriminelle Machenschaften – das ist aber nicht der Hauptkontext, der Hauptkontext ist Muhammed! Wo ist er? Wie geht es ihm?

Das ist der Hauptkontext, und dafür brauchst du Mut. Deswegen hat dieser Film so lange gedauert, weil viele sich nicht auf diese Reise einlassen wollten. Das hat uns Zeit gekostet, aber dafür haben wir etwas Einmaliges machen können und dürfen, mit einem super Menschen wie Muhammed, mit dem wir zusammenarbeiten durften.

Ein Körper kann alles zeigen, Aggressivität, Liebe, Glück, alles, aber das, was die Augen reflektieren, das ist der Einstieg in die Seele. Der Blick zeigt, ob du das fühlst, was du im Moment tust. Wenn Du als Regisseur das Thema Schwäche rüberbringen willst, bist du auf diese Momente angewiesen, das sind „magic moments". Als Sila [die im Film tablettensüchtig ist] in dem Raum neben der Wohnung von Muhammed sitzt, und Muhammed kommt herein, seine Augen glänzen und er reicht ihr die Hand – da haben sechs, sieben Leute am Set geweint! Die haben geweint, weil sie erschrocken waren von dem Moment.

Der Dreh hat acht Jahre gedauert. Wir haben ja schon vor *Familiye* mit Muhammed zusammengearbeitet. Unser erster Kurzspielfilm hieß *Verzockt!* Muhammed hatte die Hauptrolle. Mit einigen Schauspielern aus *Familiye* musste ich mehr arbeiten als mit Muhammed. Er hat alle Informationen so krass aufgesaugt, und wir haben ihn dann nur noch in die konkrete Dreh-Situation gebracht. In der Szene am Tisch, in der jemand sagt: „Weißt du, Bruder, angefangen zu rauchen hat er auch noch", sind 30 Leute hinter der Kamera, die zugucken, und Muhammed ist mittendrin. Das sieht so aus, als wäre die Kamera versteckt gewesen und als sei er nur mit uns beiden allein dagesessen. Muhammed guckt weder auf die Kostümbildner noch auf das Make-Up oder auf den Ton-Mann, das hat ihn überhaupt nicht interessiert. So etwas habe ich noch nie in meinem Leben erlebt. Ich habe viel mit Muhammed gelacht, er ist so charmant, höflich, galant. Und er konnte Menschen gut einschätzen. Muhammed wusste immer, zu wem er wirklich überhöflich ist und zu wem absolut ekelhaft. Dadurch, dass er halt nicht so wie Sie und ich über Kommunikation geht, hat der das erfühlt! Diese Energie, die der andere Mensch hat, der braucht den noch nie gesehen zu haben! Wenn die ihn umarmen wollten und es oberflächlich gemacht haben, mochte Muhammed das nicht.

Haben Sie das Drehbuch selber geschrieben? Haben Sie es zusammen mit Muhammed entwickelt?

Kubilay Sarikaya: Ich hatte keine Lust mehr, als Schauspieler in irgendwelchen Gangster-Geschichten mitzuspielen. Da habe ich mir überlegt, auf die andere Seite der Kamera zu gehen. Wir leben ja hier in einem von Kriminalität belasteten Ort, warum transportieren wir nicht das Leid des kleinen Menschen sozialkritisch hier aus dem Kiez raus? Wir brauchen eine kleine

Handlung. Drei Brüder. Mit Muhammed, der guckt viel Youtube, der mag diese Gangster-Filme, der kennt die auswendig. Dann haben wir Test-Aufnahmen gemacht und Proben gemacht, eben was ich so aus dem Theater kenne. Wir haben ihm Clownsnasen aufgesetzt, haben ihm einen Spiegel gezeigt, mit den anderen Schauspielern zusammen. Es hat viel Zeit gekostet, aber irgendwann hat Muhammed vergessen, dass da überhaupt eine Kamera ist.

Wir haben Muhammed sozusagen in diese Rolle reingeschmissen. Erst haben wir *Verzockt!* gemacht und daraus dann den Arbeitstitel *All in* genommen, alles oder nichts. Den haben wird später unbenannt in *Familiye*, weil wir uns gefragt haben, um was es uns in dem Film geht. Nicht um Drogen, nicht um diese *Scarface*-Mentalität, Tony Montana und so, nicht um jemanden, der sich durch Kokain-Geschäfte vom Tellerwäscher zum Millionär hocharbeitet. Das war nicht unser Ziel. Unsere Frage war: Wie bleiben diese drei Jungs zusammen? Das ist ein sehr guter dramaturgischer Bogen. In unserer Zeit steht in den Filmen meistens die Geschichte im Vordergrund, nicht der Mensch. Wir haben den Spieß umgedreht und den Fokus auf den Menschen gezogen. Der Bruder kommt aus dem Knast und was ihm wichtig ist: Er möchte wissen, was mit seinem Bruder ist, was mit seinen Brüdern ist. Für viele war es ein Schock, dass wir Filmemacher so tiefgründig sind. Was wissen wir schon vom Autorenkino? Die sehen den Bart und das Solarium und die Tätowierungen und fragen sich, was so einer schon über Sokrates oder die deutsche Geschichte weiß. Wir sind Anti-*Fack ju Göhte*! So haben wir mit den Medien kommuniziert, die waren schockiert.

Familiye war eine Lebensaufgabe für uns und Muhammed ist immer der Magnet darin. Als der große Bruder den kleinen zusammenschlägt, den er liebt, tut er das, weil der Kleine bereit ist, Muhammed zu opfern. Das geht nicht. War ein Missverständnis, auch das passiert. In Oldenburg kam eine Frau nach der Premiere zu mir und fragte mich: „Darf ich Sie umarmen, bitte?" Ich war noch total überwältigt von der Premiere und dem Applaus, 2000 Leute haben den Film geguckt. Da wusste ich: Wir haben alles richtig gemacht. Genau diesen Menschen wollten wir berühren, und sie hat gesagt: „In den letzten zehn Jahren hat mich nichts so beeindruckt wie dieser Film und ich möchte mich aus tiefstem Herzen bei Ihnen bedanken."

Hatten Sie noch andere Zuschauerreaktionen? Hatten Sie auch negative Reaktionen? Ist etwas besonders hängen geblieben?

Kubilay Sarikaya: Ja, negativ fanden einige, dass der Film schwarz-weiß ist. Es ist halt ein Erstlings-Film und der holpert an vielen Stellen. Aber es ist auch schön, dass der Film Fehler hat, sonst wäre er nicht das, was er ist. Abgesehen von konservativen Rechten über Social Media haben wir eigentlich nur Applaus bekommen. Wir haben aus Indonesien Post bekommen, weil wir auf Netflix international laufen, eine ganz große Ehre für uns. Wir haben aus Italien und Mexiko Post bekommen wegen Muhammed. Sie wollten, dass er sie besucht. Auch aus Malaysia, Japan und Australien haben sie uns geschrieben. „Wie habt ihr das geschafft? Wie lange habt ihr gebraucht? Wir wollen so was Ähnliches machen." Wir haben sehr viel Zuspruch bekommen.

Haben Sie neue Filmideen?

Kubilay Sarikaya: Wir sind gerade dabei, uns zu etablieren. Ich schreibe seit zwei Jahren an einem Drehbuch für eine Serie über *Familiye*. Der älteste Bruder, der ja einen Polizisten angeschossen hat, kommt in den Knast, kriegt lebenslänglich für organisierte Kriminalität. Wir wollten Platz machen für die nächste Generation. Der kleine Bruder ist mit der psychisch Kranken zusammen, er schwängert sie. Dadurch, dass sie psychisch krank ist, muss sie erstmal sechs Monate weg aus Berlin und er bleibt alleine mit dem Kind. Er kann sich nicht mehr um Muhammed kümmern und Muhammed kommt in ein Heim. Er spricht mit seinem älteren Bruder im Gefängnis darüber und der rastet aus, eine ganz eklige Szene war das. Wir wollten das Thema Knast thematisieren. 60 % im Knast, 20 % die Psychiatrie und 20 % draußen die Straße, so wollten wir die ersten zehn Folgen machen, so habe ich das geschrieben, die waren fertig. Diese Themen: Einschränkung, behindert sein, diese komplexen, zwischenmenschlichen Geschichten dieser Menschen, dafür brauchst du Zeit! Das ist wie in einer Beziehung. Wenn du nicht bereit bist, mit dem Menschen, mit dem du zusammenarbeitest, zusammen auf ein gewisses Niveau zu kommen – das ist die Ehrlichkeit – dann bringt das nichts! Im Umgang mit den Menschen, mit den Darstellern, mit der Materie, da ist Ehrlichkeit die allerhöchste Priorität. Was ich in der Lebenshilfe gelernt habe, und was ich von Muhammed gelernt habe: Du musst diesen Menschen nichts vorleben, nichts vormachen, die interessiert nicht, ob du gerade Diät machst, eine Rolex trägst, Til Schweiger heißt oder Moritz Bleibtreu. Muhammed hat Prominente nicht mal beachtet.

Wenn du diesen Job machst, und einfach verliebt in den Menschen bist, verliebt in die Schwäche, in die Einschränkungen, wenn du dich mit den Starken, Kompetenten, Schönen, Reichen nicht identifizieren kannst, wenn du dich da nicht wohl fühlst, dann machst du Filme wie ich. Ich habe mal einen Spruch gelesen: „Ich bin gerne da, wo die meisten Menschen abhauen." Guck mal, wie dieser Mensch mit Behinderung dich zum Lachen bringt! Guck mal, wie dieser Mensch das schafft, dass du deine kleinen irdischen Probleme vergisst!

Great Britain

My feral heart (2016), Jane Gull

Production	Direction: Jane Gull Script: Duncan Paveling Production: Run Jam Films
Language	English
Main Casting	Steven Brandon: Luke Shana Swash: Eve Will Rastall: Pete Pixie: Le Knot (The Girl)
Film Genre	Drama
Internet	https://www.janegull.com/

Synopsis

The story starts with a montage of a normal day in Luke's life. He is seen bathing, shaving, preparing breakfast for his mother, and washing her. She is in severe need of care due to her old age and frailty. Luke seems to be leading a happy and autonomous life as a self-reliant adult without the support from others. The household seems well organized. This status quo changes when his mother suddenly dies. The social welfare office forces Luke into a care home for disabled people, where Luke does not fit in. The home mandates forms of assistance Luke is not used to and the care home feels like a prison. Luke is also diagnosed with a heart condition.

Slowly Luke integrates into his new community. Eve recognizes Luke's intelligence and humility and she grows fond of him. They become friends. One day, Luke strolls into an old barn, where he finds a sick young girl who seems to hide or squat inside the shack. He visits her every now and then, giving her water, clothes, a wash, taking care of her just like he took care of his mother. Luke meets Pete, an animal liberation activist who tries to sabotage hunting. It is implied that Pete got copped during one of his direct actions and that he is forced to do community service at the home. Pete and Luke talk, joke, and grow closer. When Pete takes Luke and Eve to his house to offer Eve hand-me-downs for the home, his father sees them and makes vile remarks about Pete and the others.

Shortly after, Luke is on his way to visit the girl and runs into Pete who plans to interrupt a traditional hunt with a group of fellow animal rights activists. Luke wants to join them. Pete hesitates but eventually agrees. They run into the hunters and a brawl breaks out. Luke manages to flee, running to the barn where he works to scare away the hunter's dogs. He is clutching his heart, implying that he is having a heart attack. Entering the shack, he finds the girl who seems to be dead. Luke carries her to a field close to the home, where he breaks down.

Meanwhile, the care home is alarmed since Luke has been gone for several hours. Eve and Pete, who returned from the action, fight to pin the responsibility of losing Luke on the other. They suddenly hear the screams of a girl and run towards the field. She is alive and scared for Luke. Pete and Eve finally stumble upon him and jump into rescue mode. They immediately administer first aid. The scene closes with three people without revealing if Luke died of the heart attack or if he survived.

Fig. 7: *My feral heart*, 2016

Jane Gull

Jane Gull is a British director and scriptwriter. She grew up in Southend-On-Sea, near London, UK. Before Gull got in closer touch with the film business, she worked as a professional dancer on an international level. She is known for *My feral heart* (2016), a drama about a young man with Down syndrome, who is placed in a care home after the death of his mother. Her debut feature film became Our Screen's most successful 'cinema-on-demand' in film in the United Kingdom of all time. With *Sunny Boy* (2011), a film which tells the story of a boy with a serious skin disease who must avoid sunlight, Gull won several prizes and gained international attention. The leading actor, Darren Kent, won numerous honors. He suffers from a very rare autoimmune disease and became famous for his role in the US TV series *Game of Thrones*. Her latest work *Love Without Walls* (2022) is a music-driven romantic drama about an aspiring musician and photographer who end up in debt and find themselves without a home.

Like every actor, he brings part of himself. Interview with Jane Gull (25th April 2022)

In which film productions have you gained experience with people with learning disabilities?

Jane Gull: *My Feral Heart* wasn't the first project that I had worked on. I come from a theatre background, so I had worked with actors with disabilities before in the theatre. *My Feral Heart* was the first full-length feature film I had worked on with people with learning disability. I worked on a short film called *Wheeling Dealing* [United Kingdom 2004; directors: James Mellor, Tinch Minter, Charlotte Tarrant]. I choreographed a dance routine for a basketball team that were wheelchair users.

How did you cast the actors and especially the main actor of *My feral heart*?

Jane Gull: We put an advert out on "Spotlight", which is a database in UK with thousands of actors. When you're casting for a film, you can put a breakdown on there. So, we put a breakdown for the four lead characters Eve, Peter, the Feral Girl and the character of Luke. We put in the character description that we were searching for an actor who has Down syndrome, but we didn't get much response. We didn't find our actor there. For the other characters, like for the character of Eve, we had 600 applications.

Then we went out and we started looking further afield. We went to various community groups. The Mushroom Theatre Company in Essex [https://mushroomtheatre.co.uk/] is run by Penni Bubb. I ran a workshop for one of her groups of young adults and that is where I met Steven. We did some improvisations together and he was really good. Finally, I said to Penni: "I think he's really, really good." But Penny said: "Oh, no, I don't think he would…He gets stage fright. He comes to the Mushroom Theatre Company to have social contact, not really for the performing." When they did shows, he didn't want to go on stage.

But the more I got to know Steve I thought: "I think he's really got something here." And then I had a chat with him and I said: "Look, you know, film is really different than theatre acting. If you forget your lines, it doesn't matter. You haven't got the audience there. It's just going to be like us, a relatively small crew. How do you fancy being in a movie?" And he answered: "Yeah, I don't mind." So that's how it came about. Steven had never acted before in a film, he had never done anything really apart from a few little things with the theatre company. It is quite a big challenge for anybody to take the lead role in a film if you've never acted before. I spent several months hanging out with Steven. We did a sponsored walk together, I got to know him and his parents. He was in the film wonderful. He loved it and he was brilliant. He was such fun to work with.

Did you have to modify your script or did you carry out your script like you wanted to?

Jane Gull: I didn't write the script, Duncan Paveling wrote it. Initially, Luke wasn't the lead character, it was Pete. After the first draft, though, we knew the character of Luke was much more interesting. So, the writer adapted the script and Luke became the central role, which I'm really happy about.

With regard to Steven, rather than overloading him with the whole one hundred pages script, I just gave him the scenes when we were doing them. This wasn't because of his Down syndrome. This is what I do with a lot of actors, especially in the lead role. It is not always helpful for them to have the whole script. Steven is in every single scene and that is quite daunting for anybody, isn't it? Especially if you've never acted before. Steven is a guy who's never been in a feature film before. I broke the script and his scenes down. Rather than having all the text and descriptions, I just gave him the information he needed: "Luke washes up", "Luke gets out of bed" etc., so that it was very natural. There was quite a bit of improvisation.

Most of the dialogue from the script is in the final film. When Steven was struggling with learning lines, I said them and he repeated them. I told Steven: "Marlon Brando had trouble learning his lines. So, Steven, if you can't remember your lines, don't worry about it. The beauty is with the editing." Some scenes on the page that seem very simple can be quite complicated. Then other scenes were a bit of a breeze. The scene of him in the kitchen when he's dancing around was all improvised, that was just on the day and not in the script. When the mother passed away and when he finds her in the bed – these scenes obviously had to be approached sensitively. But that's not necessarily because Steven has Down syndrome. That's because you're dealing with quite sensitive subjects for anybody, especially if you've got a mum or if you've lost your mum. It's just being mindful of all those things.

There are also practical problems like dealing with the elements. The weather in England in the winter is just horrendous. We had to deal with getting cold and Steven balancing on his feet sometimes. You have to make sure that all the locations are accessible. Even sometimes when you think they are, you realize they're not, there are holes or steps or no accessible toilets. We had several actors that were wheelchair users. There were a couple of people who were sensitive to bright light. It's just being mindful of all the practicalities.

How did you explain the appearance of the feral girl to Steven?

Jane Gull: It's quite interesting. The feral girl element of the film is something that gives another dimension to the film. People have different takes on it and feel differently about it. In those scenes, Steven was just brilliant. He's a very caring person in real life, very sensitive. When we spoke about the girl, he just saw her as an injured girl and he cares for her in the same way that he cared for his mum, regardless of where she's come from or what happened to her. Maybe he should have taken her straight to the police or whatever, but at that moment, he was just looking after her.

Did Steven change scenes with his ideas or his spontaneity?

Jane Gull: I spent a bit of time with Steven before we started shooting. He brought elements of himself into the film, for example, the scene when he sat on the bench with Pete and pretends to smoke. One of the first times I met Steven, I did an improvisation with him and he pretended to light a cigarette and smoke. That was his idea and ended up in the final film. When I first met Steven, he showed me his tattoo, and I said: "Oh, goodness, that's beautiful. We'll get that in the film." Luke has a tattoo and Steven has one on his legs as well. So, yes, there were various elements that were definitely part of Steven. Like every actor, he brings part of himself. I got to know the lead actors really well and brought those little nuances of their own personalities into the character.

A lot of people might think that Steven's playing himself! But if you meet Steven in real life, he's very different from the character. So, I think, this is a compliment to his acting ability. When someone is so natural on screen, he doesn't get as much recognition as if someone plays a big character and does dramatic things; that's actually easier. But for him to be so relaxed and natural, it's more difficult. As I said, that's not Steven up there. That is the character Luke. Steven is very different in real life.

Did the actor change the way you worked on the set?

Jane Gull: Steven's such a joy to be around, he got on well with everybody. So, there was a real camaraderie in the cast and crew. And he was a really hard worker. He had to travel the furthest every morning, because he lived an hour away. He was there on set at six, seven o'clock in the morning and he's in every scene. So, he was really setting the benchmark for the work ethic. I did have to focus a lot of my time and energy on Steven. But again, that is not necessarily because he has got Down syndrome, but because he plays the lead role and he never acted before. I'm not saying I was not focused on all the other characters, but I probably focused more of my time and energy on Steven.

What surprised you about working with him?

Jane Gull: I had a gut instinct when I met Steven that he was going to be right for the film and be good. I knew we'd get on well. When you're filming for 21 days, it can be hard for anybody. When we finished filming and we went to the film festivals together, to Moscow in 2016, to Belfast, to America, that was brilliant. Steven's great at talking to the audience and he loved it. It definitely exceeded my expectations.

Do you have any special experiences with audience reactions?

Jane Gull: I think a lot of people really loved his performance. I think they genuinely liked it. He's a leading man that just happens to have Down syndrome. We don't mention the word "Down syndrome" throughout the film. It's a guy whose mother passes away and he's put into a new situation. The feedback was very positive.

Do you think, in general, that people with learning disabilities have more potential for comic or for tragic contexts?

Jane Gull: I think you can't generalize because it's on the individual. It's the same with any actor. Some actors have the ability to do both. I think if you can do comedy, you can probably do drama. Comedy is the hardest of all things. So many great comedians make great dramatic actors, but not always the other way around. There is this stereotype that people with Down syndrome are always happy and lovely and jolly. But they have bad days and tantrums just like everybody does. You can't pigeonhole that because everybody's different. Also, when we talk about disability, there are so many different disabilities so you can't generalize. You could take any script, and if there's nothing specific in the script about whether the character has a disability or not and if you've got an open, inclusive casting, anybody with any disability should be able to go for any role.

Do you think that there's a genre "inclusive cinema"?

Jane Gull: Do you mean films like *Coda* [USA/France/Canada 2021; direction: Sian Heder] that won the Oscar? I don't know whether that could become like a prototype for an inclusive cinema. Or the film *Campeones* [Spain 2018; direction: Javier Fesser] that I absolutely love. It really packs a punch.

It was a real big hit. When I went to Spain a couple of years ago, they had the actors from that film all around, in phone boxes, advertising lottery, etc. That film is fantastic.

Did you ever think about changing prejudices about learning disabilities with your film?

Jane Gull: It wasn't really until after we made and people were saying to us: "This is one of the first films where the lead actor has Down syndrome." There are a lot of other films where there's the supporting character has Down Syndrome, for instance in *Peanut Butter Falcon* [United States 2019; direction: Tyler Nilson/ Michael Schwartz] where the protagonist with Down syndrome shares the lead. Or this wonderful Belgian film that won the Palme d'Or, *Le Huitième Jour* [Belgium/France 1996, direction: Jaco Van Dormael]. But also, in this case, the protagonist shares the lead.

My intention was to show a character and his independence, but also the predicament that a lot of people, families, find themselves in, especially now with the life expectancy of people with Down syndrome living into their sixties. Like any parent you worry about what's going to happen to your children if you pass away, regardless of the age.

What do you want to know more about?

Jane Gull: Steven did the film and he loved it and he wanted to carry on acting. I'd be very interested to know how many actors with disabilities actually continue to have longevity of a career and not just make one film. But then what happens next? It's hard enough for any actor to try and navigate the knockbacks from auditions. Since doing the film, Steven has done a radio play and a few little bits, but not really as much as he would want. I think it's managing the expectations of people. Steven won all these awards, he jetted over to America and all these different places, and then everybody else is onto the next project. And he's like: "Oh, hang on a minute. I thought I was wonderful. Everybody said I was a great actor." And then he's back to his old life. That concerns me. You have to manage the expectations and deal with the mental health aspect of the film business. So, I'd be really curious to know how many actors actually go on to sustain a career.

After Life (2003), Alison Peebles

Production	Direction: Alison Peebles Script: Andrea Gibb Production: Catherine Aitken, Ros Borland; Gabriel Films, Scottish Scree, Scottish TV, Grampian TV
Language	English
Main Casting	Lindsay Duncan: May Paula Sage: Roberta Kevin McKidd: Kenny Shirley Henderson: Ruby
Film Genre	Drama
Internet	https://brennanartists.com/clients/alison-peebles/

Synopsis

After Life portrays the relationship between Kenny, an ambitious journalist, and his sister Roberta, who is about to celebrate her 21st birthday and has Down syndrome. Roberta still lives with their mother, May, supervised and cared for by her, in a small Scottish town near the coast. Her brother Kenny, a "writer who writes words", as described by Roberta, shares a rocky relationship with his mother and rarely visits his family but is obliged to visit after his mother sprains her ankle and consequently can't look after his sister. While he is there with the intention of helping his mother and sister, in reality he does not have time for either. He is so occupied that he does not have time to play Bingo with his sister, which is her favourite game. He is also investigating a case of a professor, Dr. Wilkinshaw, who allegedly assisted people in their intention to die by suicide in Switzerland. He wants to schedule an interview with him but the professor is not willing to talk about his position at the organisation "After Life".

While things seem to be complicated on the professional front for Kenny, he faces problems on the personal front too. When his mother confides in him that she has terminal cancer, he offers to care for his sister but she refuses his offer, as Roberta often disappeared or ran away when Kenny was in charge. Fearing that Roberta would be put in a nursing home by Kenny for the rest of her life,

May decides to die by suicide and to take Roberta with her. She decides to do the deed with the help of poisoned hot chocolate. However, Roberta becomes aware of her mother's plan and manages to drug only her mother's cup. When Kenny arrives home, he is terrified to find their motionless bodies. Roberta opens her eyes and explains that she only went for a sleep, but their mother would sleep forever. These incidents bring the siblings closer and forges a strong and trustful relationship between them.

Fig. 8: *After Life*, 2003 (Screenshot)

Alison Peebles

Alison Peebles is a known actress, director, and writer. She was born in 1953 in Scotland. She studied Painting at the Edinburgh College of Art and is the co-founder of an award winning Scottish international theatre company called Communicado which she established in 1983 with Gerry Mulgrew and Rob Pickavance. At the Tron Theatre in Glasgow, she portrayed Lady Macbeth in the 1993 celebrated production of *Macbeth*. Her Most recent works include *Jekyll and Hyde*, National Theatre of Scotland, and *Life is a dream* (Queen Basilio), Royal Lyceum Theatre. She also acted in several TV series like *Molly and Mack* (2018–2022), *River City* (2018–2019) and *High Times* (2004–2008), and feature films: *The Lost King* (Stephen Frears), The Road Dance (Richie Adams), Edinburgh international film festival audience award 2021. Peebles was a part of the cast of multi award-winning *Where Do We Go From Here?*, a comedy film released in 2015 about the last trip of three residents of a care home. *AfterLife* was released in 2003 and won the Edinburgh International Film Festival Standard Life Audience Award. Peebles also directed movies, *Tangerine* (2001), *Nan* (2001) and the TV series *Stacey Stone* (2002–2003). The film *The Road Dance* (2021), a historic drama about England in the beginning of the 20th century in which Peebles makes her latest appearance, won another Edinburgh Award in 2021. In 2006, Alison Peebles revealed her diagnosis of multiple sclerosis through documentary *Multiple* (co-producer with media co-op) which has won many prestigious international documentary awards.

The individual and their skills. Answers from Alison Peebles

In which film productions have you gained experience with people with learning disabilities?

Alison Peebles: I directed Feature Film *AfterLife* written by Andrea Gibb.

How do you cast people with learning disabilities? What training do these people receive?

Alison Peebles: The Producer Catherine Aitken and myself sought out theatre clubs; after school clubs/social clubs for people with learning disabilities. We found a few groups that had young women with Down syndrome and watched them playing theatre games and exercises. We visited them a few times to see how they worked and identified potential candidates to play the role of Roberta. We also asked Down Syndrome Societies for suggestions which we collated and then we brought them together to do workshops around the character and the story of the film.

Who writes the scripts? Do your actors with learning disabilities bring their own ideas into the script or into the filmed scenes?

Alison Peebles: The script was written by Andrea Gibb who has a sister with Down syndrome.

Do people with learning disabilities do more (or different) work as actors than actors without disabilities? Do scenes have to be repeated more often? How do people with learning disabilities learn their lines?

Alison Peebles: Several questions here –

a) I don't know enough facts to compare the work of actors with and without learning disabilities, however one just has to look at films to see that there are few actors onscreen with learning disabilities.
b) It depends on the individual; some professional non-disabled actors need many takes for a scene, others do it in one take. In Paula's case (*After Life*) she had been rehearsed thoroughly and is naturally confident, with great talent, she knew her lines and the scenes so did not need any more takes than any of the other actors.

How do actors with 'intellectual' disabilities change the way you work together on set?

Alison Peebles: I can only answer about my experience with Paula. We rehearsed thoroughly prior to the shoot beginning, myself/the director, the producer/ Catherine Aitken and Julie Austen, an actress and acting coach we brought on to work exclusively with Paula. The actor, acting coach/chaperon talked to her at length about the story breakdown, her character and her relationships with the other characters. We went through all her scenes in detail and improvised some to ensure she understood and was able to cope with difficult emotional scenes dealing with illness and death. Julie and Paula created a book about her character and emotional arc and ensured she was ready with her lines and in the right emotional state before her scenes. She was never left on her own to get bored or distracted because there can be a lot of waiting about while filming. It is a fact she required more attention but her performance justified the time.

What surprised you most about working with people with learning disabilities? Where were (positive or negative) expectations (not) fulfilled.

Alison Peebles: Paula was a real find, she is a really good actor and she surprised us constantly with her wit, her reactions and range of emotions. She was a constant surprise and delight. There are difficulties because she has Down syndrome and needed to be supervised for her own safety. All our expectations were fulfilled and more.

What do you think about the fact that many audience members believe that people with learning disabilities can only play themselves? And that they do not understand what they are playing?

Alison Peebles:

a) There are many star actors who have made a good living out of playing themselves.
b) There is as huge range of personality, aptitude, commitment, interest, focus and ability in people with learning disabilities as with actors who are not learning disabled.

Do people with learning disabilities develop their acting potential more in comic or more in tragic contexts?

Alison Peebles: Depends entirely on the individual and their skills/interest.

What does "inclusive cine" mean to you?

Alison Peebles: Not heard the term.

Ireland

Sanctuary (2016), Len Collin

Production	Direction: Len Collin Writers: Christian O'Reilly/Len Collin Production: Zanzibar Films
Language	English
Main Casting	Kieran Coppinger: Larry Charlene Kelly: Sophie Robert Doherty: Tom
Film Genre	Drama

Synopsis

Larry and Sophie are two adults with intellectual disability. Larry has Down syndrome and lives with his mother, who still treats him like a child while Sophie has severe epilepsy and lives in a housing facility. They know each other because they both spend time at a centre that takes care of people with disabilities. They were initially employed and assigned small tasks which helped them earn a little income but they received news that they would not be receiving any more work but instead would be taking part in unpaid "fun activities". Disappointed, they protest and ask if they were not doing a good job, and Tom, their care worker, answers that no one was willing to pay them adequately.

Larry and Sophie are attracted to each other and want to spend an afternoon alone in a hotel room. Larry saves some money and turns to Tom for support in making appropriate arrangements. Tom reluctantly takes the bribe and agrees to arrange it for them on the same day that he is taking the rest of the group to the movie theatre. During the movie, Sophie, Larry and Tom find an excuse to get out of the theatre and head to the hotel where Tom knows a friend at the reception who can get them a room. Once they are up there, Larry discloses to Tom his intentions of having sex with Sophie and asks him for a condom. However, the law in Ireland forbids people with intellectual disabilities to have sex outside of wedlock and therefore Tom tries to convince him not to. Larry gets angry and questions the law. At the end, he manages to convince Tom to give him a condom, asks him for instructions on how to use it and sends him away.

Meanwhile, at the theatre, more members escape the building, alarmed that their supervisor has gone missing, and start wandering on the streets. Only two of them, a man and a woman, also affected by intellectual disabilities, stay and watch the movie. She is attracted to him but he is too shy and does not like flirting. However, he makes her smile by telling her that she does not need to be a movie star because she is good as she is.

At the hotel, Sophie surprises Larry in a beautiful dress. They start dancing but all of a sudden, Sophie sits down sadly and confesses to Larry that she had been abused at her previous housing facility. After her confession, they start kissing. However, when she realizes that Larry wanted to have sex with her, she gets angry and wants to leave, even though he apologizes and tells her that he loves her. He manages to earn her forgiveness by making her laugh with his dance moves. Sophie changes her mind and tells him that she actually wants to make love.

Tom returns to the theatre and finds that many people from the group are gone. He tries to call them but they do not answer. He heads out looking for them. While two of them are walking around at a mall, the other two are at a bar drinking beer. While on his frantic search, Claire, Tom's friend from the hotel, joins him. He misunderstands her intentions and when he tries to kiss her, she rejects him. Meanwhile the other two, who are still at the movies, finally kiss. By the time that Tom was able to gather the other members who fled, he lost track of the two who had remained at the theatre. He finds them with a guard, who reproaches him about leaving a disabled people wandering off the streets without supervision.

Meanwhile at the hotel, Larry and Sophie are discussing their unprotected sex. Larry starts overthinking the consequences of their act, for instance if he got Sophie pregnant. They end up admitting that they would actually like to start a family together, if all the legal and social obstacles against their relationship disappeared. As the group starts wondering where are Larry and Sophie Tom takes everyone to the hotel room to pick them. When they arrive, they all see the condom packet on the floor and find out that the couple had unprotected sex. The situation turns hostile when Andrew starts accusing Sophie of having loose morals. She has a seizure as the champagne she drank messed with her medication.

The group had fun through the day in spite of how different it turned out from their original plan. They all decide to keep this episode to themselves so that they are allowed to do this again. However, when Tom had gone to look for group members, the others called the hospital to help Sophie with her seizure.

The film ends with the group on their way back in a bus. All of them are quiet and lost in their own thoughts. Tom is worried about losing his job. The final image is that of Larry who has lost the most.

Fig. 9: Sophie and Larry in the hotel room after having sex (*Sanctuary*, 2016, courtesy of Zanzibar Films)

Len Collin

Len Collin was born in London, with Irish heritage. He studied acting at Arts Educational Drama School at London, followed by a production and Direction Master's Degree of the Huston Film School in Galway, Ireland. He started his career in the early nineties writing for the theatre, through which he gained visibility and managed to enter the British and Irish TV industry. Since then, he is known as a screenwriter and worked on the production of several TV shows (*The Bill*, *Soldier Soldier*, *London's Burning*, *Eastenders*, *Casualty*, *Ultimate Force*, *The Clinic*, *Holby City* and *Deception*). In 2010 he wrote, directed and produced the award-winning Irish web series *Covies*. In some of the episodes of his productions, he also had an acting role.

His career continued as a film director and producer of the dramatic short film *Bound* (2013) and of the full-length film *Sanctuary* (2016), which won the award as Best Irish Film at the Dublin Film Critics Circle Awards and earned Collin the award as Best Director at Newport Beach Film Festival in 2017. As a university lecturer at Northumbria University, Collin centers his research interests on how cinema can promote social change.

They generally do not have the same level of paranoia. Answers from Len Collin

In which film productions have you gained experience with people with learning disabilities?

Len Collin: *Sanctuary* (Ire 2016), a Fiction Feature, and *Altered Thinking* (UK 2020), a Feature length Documentary Film Essay.

How do you cast people with learning disabilities? What training do these people receive?

Len Collin: For *Sanctuary* I had worked with the actors from Blue Teapot Theatre Company over a number of years and the parts in the film were inspired by and written specifically for these actors. For *Altered Thinking* I worked with Vivo Care Choices, a health care and social services provider in Chester, UK and invited their clients to take part in interviews for the documentary.

Who writes the scripts? Do your actors with learning disabilities bring their own ideas into the script or into the filmed scenes?

Len Collin: *Sanctuary* was written as a stage play to begin with by the writer Christian O'Reilly, commissioned by Blue Teapot Theatre Company around the themes of privacy and the unjust law in Ireland at the time that made it illegal for people with ID (Intellectual Disabilities) to have sexual relationships unless they were married. This law was repealed in some part due to the impact of the film. The Screenplay was adapted for screen by Christian and myself with a great deal of input by the actors. This included arranged workshops where scenes would be read and analysed. If any words were used that the actors would not use, or could not say then they were rewritten to make sense and be easier to say by the actors themselves. Some scenes, such as the scene in the shopping centre where Andrew (Patrick Becker) hugs the security guard (Stephen Marcus), were outlined to be improvised on the day.

Do people with learning disabilities do more (or different) work as actors than actors without disabilities? Do scenes have to be repeated more often? How do people with learning disabilities learn their lines?

Len Collin: The short answer to this, is that there is no difference at all. The more nuanced answer is that all actors are different and have different approaches. As a director therefore, I did not differentiate but knew my actors well enough to do what worked for them best.

Kieran for example, needed larger typeset scripts, as these are easier for him to read and learn his lines. Frank would know his lines well and so get camera shy, this sometimes meant that we would "rehearse on camera" and he would get less nervous and deliver his lines well. On some days I may have to feed him his lines – but I have also in my career worked with actors who do this on set, and only recently an image emerged of Robert Duval having Marlon Brando's lines taped to his chest on the set of *The Godfather*. If lines were fed to any of the actors they were done so as a prompt and not for the actor to imitate delivery. It was rare for this to happen on set, but on long days or with tricky set ups it was a technique that helped. By scenes being repeated more often, I expect you mean "takes". No, they did not have to be repeated more often.

One of the issues with line learning is that like many people they will learn their lines in a rhythm, like a song. If the rhythm changes… such as the director asking for the line to be delivered quicker, quieter, angrily… or in any other way different to the rhythm that the line was learnt in, then that would cause some issues. However, this was largely due to the fact that some dialogue from the play was different to that in the screenplay, so a new rhythm was required. The trick to countering this was to get the actors to deliver each others lines in order to break up those rhythms. So sometimes before a scene with Larry and Sophie as an example, I would get Kieran to be Sophie and Charlene to be Larry… this was fun but also relaxed them and reassured them. On the whole I would say that actors with ID are excellent at learning lines.

How actors with ID differentiate from actors without ID is that they generally do not have the same level of paranoia. When an actor is given a note, a good director will give that note in a positive way – however even then an actor when given a note may start to think all sorts of things due to their own insecurities. Does the director like me? Was I doing it wrong? etc. Actors with ID do not have these insecurities, they will always try to give you the director the performance the director wants. If they do not understand the note, they will tell you that they do not understand, an actor without ID would almost never do this for fear of judgement. If the actor with ID thinks the note you have given them is stupid, they will tell you that also. So sometimes you may have to think of an alternative way of explaining what you want. This actually saves time on set.

How do actors with learning disabilities change the way you work together on set?

Len Collin: The set of *Sanctuary* was fun, calm and respectful. Sets are often high pressured and fractious... we were more like a family. We could have fun, and we could play... but always there was respect. The experience for the crew has stayed with them, with many of the crew staying in contact with cast members long after the wrap.

What surprised you most about working with people with learning disabilities? Where were (positive or negative) expectations (not) fulfilled?

Len Collin: As I knew the actors well, I knew that you could not and should not underestimate them ever. People generally think (because of poor representation) that people with ID are slow of thinking... they are not... they are usually very fast of thinking... so you cannot underestimate their abilities. However, we were aware that energy levels might waiver. Usually the actors at Blue Teapot would work three days a week from 10:00 – 15:00 with a number of breaks. We were filming long days, and a six-day week. So we tried as best we could to schedule filming so that we would have one couple in the morning (say Larry and Sophie) and another couple in the afternoon / evening (say Sandy and Peter). But there would inevitably be days where some actors were in for the whole day... and that may mean for some getting up at 4:00 for a 7:00 start and we would wrap at 19:00 so they would get home at 21:00. They did this when needed, no bother. As long as food and entertainment were provided. We always had two minders with us to work with the cast Danielle and Laura from Blue Teapot, so they could keep the actors occupied. Our second and third ADs also did an excellent job in this respect.

The positives far outweighed any negatives – I cannot really think of any negatives. Perhaps one incident may exemplify this. There is a scene where Paul Connolly has to pick up his phone and walk outside the bar and read the name of the bar over the phone to a person on the other end. On a take the props master forgot to set the phone in place... An actor without ID would ask for the phone before cameras started rolling... Paul however did not want to cause a fuss, the film crew work so hard. So, when we started rolling Paul mimed the phone... the problem was he did it so well that none of us noticed that he didn't have a phone until we edited the footage... and even then, it was not noticed until the editor showed the scene to me twice and told me to look between his fingers only then did I see the train lights reveal he did not have a phone. I bet if you have watched the film you have not noticed – go back, look again and you will see as the Christmas train passes in the background Paul is miming the phone. So, it's a funny story, but it's also brilliant acting.

Another example would be when Frank was clearly off his game, when filming. We then found out that, that particular day, was Frank's Day for collecting his money and he was worried about it. So, we stopped filming, arranged a car to take him to the post office and he was back within twenty minutes and gave a perfect performance.

These may be seen as small minor irritations by some, but we saw them as small opportunities and they gave us fond memories and kept spirits high on set.

What do you think about the fact that many audience members believe that people with learning disabilities can only play themselves? And that they do not understand what they are playing? Are there any special experiences with audience reactions?

Len Collin: Actors with ID are no different from actors without ID in regards to this question. Whilst the characters in *Sanctuary* are based on characters created by the actor's themselves, they are what I would call "hyperextensions", exaggerated versions. Charlene in real life is much more fun than Sophie. Charlene is quick witted and very very funny. Sophie is more serious and measured. Kieran is by contrast quite quiet. It always surprises audiences when Kieran doesn't speak like Larry does in the film. Actors enjoy being other people… and this is also true for actors with ID, so Kieran can become whatever he needs to be… He really wants to play a "cowboy". What people are seeing when they first watch *Sanctuary* is their own ignorance (of ID) reflected back at them. This is not of course their fault, but the fault of the industry itself. The public think that people with autism are all savants – because of *Rain Man* [USA 1988; direction: Berry Levinson] or *Forrest Gump* [USA 1998; direction: Roberto Zemecki]. So, the clichés are repeated by watching other non-disabled actors playing disability roles… and because we are so unused to seeing people with disabilities on our screens we have nothing concrete to compare it to other than these erroneous performances. See John Mills' performance in *Ryan's Daughter* [UK 1970; direction: David Lean] and compare to Ian McKellan's performance in *Walter* [UK 1982; direction: Stephen Frears]. I know how this works because as an actor I used to get cast as "dim" characters… or "Slow of thinking" or as "The Villageidiot" and often that's what the performance would become and I would ape what I had seen by much better actors than I. If you don't know…. copy. This is why "authentic casting" is important. It is nothing to do with the quality of the actor or the performance it is because we are propagating myths that directly affect the lives of people with ID.

A woman came up to me in Melbourne, Australia after a screening and Q and A for *Sanctuary*. She was in floods of tears and kept saying "I never knew! I never knew!" What she was referring to was that she never knew that people with ID were the same as us, that they want the same things, and that includes intimate relationships. I felt so sorry for the woman because how could she know? She could only know if she actively sought out this information. It is rarely reflected on our screens and when it is, people find it shocking.

Do people with learning disabilities develop their acting potential more in comic or more in tragic contexts?

Len Collin: This is a tricky question because it depends a lot on the options they are given by the people ostensibly holding the keys to the kingdom. Blue Teapot's ethos comes from Artistic Director Petal Pilley. She wanted to create a theatre company that could become an inclusive "National theatre". So, the cast of *Sanctuary* have played Shakespeare and broad comedy. Comedy is important because it is often a way in. But so are TV soaps. This is mostly what they watch on TV. So largely it depends what they are exposed to. There is excellent work being done across Europe though in this regard from Teatro 21, to Graeae and, of course, Blue Teapot. I showed the actors *Le Huitième Jour* [Belgium/France 1996; direction: Jaco van Dormael], for example, to broaden their perspective of what is possible. There are also some amazing Film Festivals not least Breaking Down Barriers in Moscow. So, I think it's a question of what the actors are exposed to and what is expected of them rather than what they may or may not feel is accomplishable.

The films that include actors with Down syndrome for example are easy to map. Justin Lerner's *Girlfriend* [USA 2010] is a fine example of an indy film that doesn't compromise the role that Evan Schneider plays. It's a straight drama with adult content. *Colegas* , a Brazilian film [2012; direction: Marcelo Galvão], casts three wonderful Down syndrome actors as international bank robbers – and that is pure action-comedy. But both films mentioned above and even *Le Huitième Jour* [Belgium/France 1996; direction: Jaco van Dormael], *The Peanut Butter Falcon* [United States 2019; direction: Tyler Nilson/Michael Schwartz] and *My Feral Heart* all fall into the trope of having the actors without disabilities as the engine driving the plot. *Sanctuary* doesn't do that.

What does "inclusive cine" mean to you?

Len Collin: Inclusive means to include everyone and exclude no oneand this can only be achieved when "authentic casting" doesn't matter anymore. No one doubts the skills of Ian McKellern, Dustin Hoffman, Tom Hanks, Sigourney Weaver etc – all of whom have played characters with ID – but that propagates inaccurate assumptions that harm real people. So, for now we need to see more people with disabilities on our screens and in particular more people with ID. We also need to challenge our assumptions around what we think we know about so many people and cultures and not let Hollywood dictate the message.

What should we do research on?

Len Collin: Why authentic casting matters and why it is not a challenge to the craft of acting but a social and cultural responsibility.

Italy

Detective per caso (2018), Giorgio Romano

Director	Giorgio Romano
Production	Producer: Daniela Alleruzzo, Guia Invernizzi Cuminetti, Susi Zanon Screenplay: Giorgio Romano, Aurora Piaggesi Rights: Addictive Ideas in cooperation with L'Arte nel Cuore
Language	Italian
Main Casting	Emanuela Annini: Giulia Santeramo Alessandro Tiberi: Piero Santeramo Matteo Panfilo: Sandro Giulia Pinto: Valeria Giordano Capparucci: Marco "Panico" Giuseppe Rappa: Oreste Stella Egitto: Marta Serafini Lorenzo Salvatori: Antonio
Film Genre	Comedy, Drama
Internet	https://www.detectivepercaso.it

Synopsis

The movie opens with a car chase in the streets of Rome between two police officers and two criminals, who outmanoeuvre the police and escape. One has his face covered, and the other is Pietro. He is one of the central characters in the film.

The next scene starts with a flashback that shall recount the series of events that lead Pietro to the crime scene. He is a young man who hangs out with his group of friends at their regular bar. His cousin, Giulia Santeramo, a girl with Down syndrome, works in the lost and found section at Rome's central station and passionately follows crime stories, is also a part of his group. Other members of the group include Valeria, who dreams of being an influencer, Marco, also called 'Panico' as he panics easily, Sandro and Oreste. One day after hanging out at San Salvador pub, Pietro saves Marta, a girl addicted to drugs, when she is approached by dealers to whom she owes money. She tries to convince him to not get involved in her chaotic life, but he falls in love with her and they start dating. Giulia, who is close to her cousin Pietro, is worried for him and does not like Marta. She is distracted and does not invite her boyfriend, Antonio, to the upcoming charity party organized in San Salvador. At the party, Pietro and Giulia fight because he asks her to lend him some money to help Marta. She refuses to help and tells him that she disapproves of their relationship. The fight leaves both of them sad. Giulia calls Antonio and heads back home crying, Pietro goes back into the bar and drinks.

The following day, Giulia visits her uncle, Pietro's father, who tells her that Pietro is missing. They are summoned to the police station, where they are informed that Pietro was involved in an armed robbery at San Salvador, tying this to the crime shown in the opening scene of the film. Giulia is determined to find Pietro and establish his innocence. She recruits her group of friends to help in her investigation. The group members find themselves in dangerous situations during the course of the investigation. First, they break into Marta's father's house, searching for clues, and then meet local gangsters to know of her whereabouts. Finally, they find her at a rehabilitation clinic and inquire about the possible places Pietro could be. This move, however, exposes Marta's location to gangsters and puts her life in danger as some of them want to harm her. The only clue they obtain from their visit to Marta is that they need to find a man named Ivan. Pietro wakes up at the robber's house, Ivan, but as he is hungover he is unable to recount the events from the night before. After a couple of days, he realizes that Ivan kidnapped him.

Giulia and her friends are about to give up on their investigation. Police manage to locate Ivan's house, and rescue Pietro before anything untoward happens to him and arrests them both. However, Giulia keeps looking for clues and deduces that the owner of the San Salvador, Giovanni Malatesta, was involved in the robbery at his bar. Instead of informing her friends or the police, Giulia heads to San Salvador and confronts Giovanni all alone, putting herself in danger again. As Giovanni threatens Giulia, she texts her friends seeking help. They inform and accompany the police overcoming their fears, to rescue her.

Ivan and Pietro confirm Giulia's theory at the police station: the robbery was schemed by Giovanni and Marta. Marta, convinced by Pietro, opted out of the plan and decided to seek help at a rehabilitation clinic. The police finally arrest Giovanni Malatesta, and the case is solved. All the members of the friends' group, along with Antonio and Marta, can relax and enjoy their time together.

Fig. 10: *Detective per caso*, 2018

Daniela Alleruzzo/L'Arte nel Cuore

Daniela completed her education in marketing, commerce and public administration and worked professionally for several years before her foray in the direction. She started working with people with disabilities as she volunteered at the Opera Don Guanella organization. In 2005, she set up her non-profit organization L'Arte nel Cuore, of which she has held the presidency since. L'Arte nel Cuore is an Academy of performing arts that offers different disciplines to people with and without disabilities. Her focus is primarily on acting and drama, a field in which she actively participates, thanks to her collaborations in several theatre productions. While many students from L'Arte nel Cuore participated as actors in external movie productions, *Detective per caso* is the first full-length movie starring the Academy's students and Daniela's first film production experience.

La professionalità anche in questo settore è molto importante. Intervista con Daniela Alleruzzo (1 giugno 2022)

Di cosa si occupa la Sua associazione L'Arte nel Cuore?

Daniela Alleruzzo: Noi siamo nati quasi 18 anni fa, nel 2005, io ho messo su questa accademia di spettacolo. È la prima al mondo di formazione artistica per disabili e non disabili, cioè una *fusion* di talenti dove li prepariamo per diventare professionisti, attori, ballerini, cantanti, musicisti. Abbiamo fatto tanti progetti, come il film *Detective per caso* o un fumetto che si chiama *Four Energy Heros*. È un fumetto di cartoni stampato con quattro protagonisti: una ragazza "normale", diciamo, e tre disabili, ed Emanuela rappresenta nel fumetto "la forza". Di questo vorremmo fare un cartone animato, perché sarebbe bellissimo vedere una ragazza con la sindrome di Down fare il supereroe. Oggi essere disabili significa che bisogna essere per forza dei supereroi per superare tutte le barriere culturali e mentali che ci sono nel mondo. Quindi loro sono dei veri supereroi per noi e così è nato il fumetto e poi abbiamo fatto tantissime altre cose. Adesso siamo in scena con un rifacimento del Gobbo di Notre Dame, al Teatro Olimpico in Roma.

In quali produzioni cinematografiche ha fatto l'esperienza di lavorare assieme a persone con disabilità cognitive?

Daniela Alleruzzo: Con tanti ragazzi abbiamo già lavorato per la Rai. Abbiamo fatto delle serie televisive dove i ragazzi hanno lavorato da attori, ovviamente non protagonisti, ad esempio *La grande famiglia*, una serie televisiva con tre stagioni. *Detective per caso* è stato il primo lungometraggio dove loro hanno fatto tutto il film. In tutte queste altre esperienze televisive hanno fatto delle piccole parti. Poi hanno lavorato in tantissimi anche in altri film che sono andati al cinema, tipo *Brutti e cattivi* di Cosimo Gomez [Italia 2017] con Claudio Santamaria. E per ultimo altri ragazzi hanno lavorato in *Corro da te* di Riccardo Milani [Italia 2022]. Poi hanno fatto tanti altri film, adesso i titoli di tutti non li ricordo, e tante cose anche in tv.

Avete un processo di casting interno? Di che formazione dispongono gli attori?

Daniela Alleruzzo: La nostra formazione. Essendo noi l'accademia di formazione artistica, siamo noi che li formiamo e quindi a seconda del loro talento e delle loro potenzialità artistiche, noi sappiamo a chi poter far fare un casting al posto di un altro. Cioè a seconda delle figure che vengono richieste, io so chi posso mandare, chi è in grado di poter interpretare bene quel ruolo, ma soprattutto tenere i ritmi di un set, perché stare su un set cinematografico richiede dei tempi di attesa anche molto lunghi. Se i ragazzi con disabilità non sono preparati e se non hanno la palestra, poi magari hanno delle difficoltà con l'allenamento del set. Quello che facciamo è prepararli a un percorso che poi può portarli a lavorare nel mondo dello spettacolo. Li alleniamo per tenere questi ritmi e fare dei casting con registi importantissimi. Dei provini, insomma.

Ho 150 ragazzi che noi prepariamo e li mandiamo in giro a fare i provini, però non c'è un trattamento speciale. Quando vanno a fare un casting, io esigo che vengano trattati da persone normali perché sono preparati a questo. Infatti il nostro motto è "Dove c'è talento non esistono barriere." Lavoriamo proprio su questo. In altre situazioni, coi ragazzi che non hanno mai studiato recitazione o lavorato in un set cinematografico, la produzione gli si deve adattare. Ma quando prendono i ragazzi nostri dell'Arte nel Cuore, tutti ci fanno i complimenti e ci dicono: "Con i vostri attori siamo andati lisci come l'olio, abbiamo lavorato come se avessimo lavorato con Richard Gere o Tom Cruise" proprio perché sono preparati, sono all'altezza di fare questo.

La professionalità anche in questo settore è molto importante, non ci si può inventare. Non possiamo far fare a un disabile tutto perché è disabile. Bisogna che chi fa lo sport, sia preparato per lo sport; chi fa il teatro, sia preparato per il teatro; chi fa tv, per la tv; chi sta davanti a un computer, deve fare informatica, no? Quindi bisogna secondo me iniziare anche a far capire che se vogliamo abbattere le barriere culturali e mentali, dobbiamo iniziare a trattare questi ragazzi in modo professionale. Cioè prepararli dove hanno potenzialità. Artistiche? Quindi lavori sull'arte. Sportive? Lavori sullo sport. Talenti per le lingue? Vai a fare un corso di lingue. Cameriere? Vai a fare il cameriere, un corso da sommelier. Questo bisogna fare. Invece purtroppo nella mentalità propria dell'essere umano la disabilità è: "Poverino, ma sì, poverino, puoi solo fare questo." Ma poverino no. Siamo noi a dover cambiare questa mentalità. Che è molto difficile. Il film *Detective per caso* non parla mai di disabilità. È il nostro motto.

Chi scrive i copioni? I ragazzi stessi apportano con idee e contributi propri alla scrittura del copione, nella sceneggiatura o nelle riprese del film?

Daniela Alleruzzo: *Detective per caso* è stato scritto da un'autrice, quindi i ragazzi non hanno lavorato sul copione. Mentre noi abbiamo un corso di scrittura e sceneggiatura dove loro scrivono le storie e le battute. Gli attori non modificano mai il copione. Il prossimo anno gireremo un cortometraggio scritto completamente da loro e sarà anche interpretato da loro. Ancora non sappiamo il titolo. Stiamo lavorando sulla struttura della storia. Stiamo strutturando l'idea progettuale del cortometraggio, poi si inizierà a scrivere il soggetto con tutte le varie battute e la sceneggiatura.

Come fate a far capire loro quello che devono dire?

Facciamo un lavoro proprio di spiegazione. Prendiamo il testo e iniziamo. Facciamo prima una lettura tutti insieme. Pian piano cerchiamo di capire se i ragazzi hanno capito il senso di quello che hanno letto. Se non lo hanno compreso noi lo spieghiamo, dopodiché lo facciamo rispiegare anche a loro. Cerchiamo di portarli a capire cosa dicono, cioè il senso di quella scena: "Quella cosa succede perché in quella scena bisogna raccontare questa cosa." Piano piano, da ottobre a giugno fino a che vanno in scena, hanno in mente esattamente quello che stanno facendo. È un lavoro importante che facciamo: spiegare quello che stanno dicendo.

Ma imparano molti testi, no?

Daniela Alleruzzo: Sì. Loro sanno le battute. Se tu gli dici: "Il tuo personaggio è Anna", loro non si studiano Anna, si studiano Giovanni, Francesco e Anna, si studiano tutto il copione. Sanno il copione a memoria, tutti quanti. È incredibile. Questo è molto importante perché sanno quando devono entrare, quando c'è l'altra persona con cui recitano, quando devono fare un'azione. Questo è importantissimo. Li facciamo studiare molto perché è importante per loro mantenere l'allenamento della memoria. Soprattutto i ragazzi con la sindrome di Down hanno una precocità di invecchiamento, bisogna aiutarli a studiare, a lavorare molto con la testa. Per loro è importante per mantenere sempre un livello alto di attenzione. Per esempio, questi due anni di lockdown sono stati terribili. Ovviamente abbiamo continuato a fare le lezioni online, ma non è stata la stessa cosa. La presenza è importante, il contatto umano, la relazione che si ha all'interno della nostra Accademia per loro è vita. Questi due anni che siamo stati chiusi, solo online, per loro sono stati un tornare indietro di tre anni a livello di preparazione.

Com'è la relazione tra attori con e senza disabilità cognitive nel set?

Daniela Alleruzzo: L'integrazione con gli altri attori professionisti, attori famosi è incredibile e importante. Quando questi attori vedono i nostri ragazzi così preparati vanno da loro e gli dicono: "Veramente ma tu sei proprio bravo. Sei come me, anzi sei anche meglio di me, hai più memoria di me!" Questo mi fa molto piacere, mi rende molto orgogliosa perché vuol dire che in questi 17 anni il cammino che abbiamo preso è quello giusto e che bisognerebbe soltanto che il nostro mondo si aprisse un po' di più per dare spazio anche a questi ragazzi.

Cosa l'ha sorpresa maggiormente nel collaborare con questi attori?

Daniela Alleruzzo: Con i ragazzi ogni giorno è una costante resilienza, è un costante metterti di fronte a una realtà a volte difficile. Abbiamo anche situazioni gravi, cioè di ragazzi con un autismo importante. Però hanno la capacità di trasformare la loro disabilità in un valore umano e un valore artistico sopra ogni aspettativa. Ogni giorno mi stupiscono perché non si stancano mai, non si lamentano mai e non ti dicono mai: "Io oggi ho le nuvole per traverso quindi lasciami perdere." Arrivano sempre con il sorriso, nonostante tutte le loro difficoltà nella società, nel sentirsi non accettati dalla società, nonostante le porte in faccia che ricevono ogni volta su ogni cosa che fanno. Quando arrivano qui hanno un sorriso a 360 gradi e vivono tutto con una gioia nel cuore che non posso descrivere. È qualcosa di straordinario. Noi magari per un piccolo problema ci disperiamo, loro invece sono la forza della natura. Io li chiamo angeli scesi sulla terra. Vivono il presente, e godono il presente. Noi siamo sempre preoccupati. Loro sono sempre con questi sorrisi. Io dico sempre che questo progetto mi ha salvato la vita, mi ha cambiato l'anima e mi ha fatto probabilmente diventare una persona diversa.

Cosa ne pensa del fatto che molti spettatori credono che gli attori con disabilità cognitiva non possano recitare un ruolo, ma possano impersonare solamente se stessi?

Daniela Alleruzzo: Quando vedo progetti dove la disabilità viene trattata da disabilità e viene marcato per suscitare pietà, mi vengono proprio i bollori del sangue. Perché vuol dire non valorizzare una voce, non portare un ragazzo a raggiungere degli obiettivi. Quindi il ragazzo probabilmente non può fare l'attore, perché non ha forse quel tipo di talento, magari, e può riuscire più su un'altra cosa. Però per me è sbagliato il concetto che ancora abbiamo in tutto il mondo, cioè di trattare la disabilità da disabili. Bisogna trattarli da persone. Sono persone. Ognuno di noi ha i propri limiti. Però è bravo su altri miliardi di cose. Bisogna creare e trovare la propria strada. Perché continuare a mandare questi messaggi sbagliati sulla disabilità? Sono contraria a questi tipi di lavori, a non valorizzare il talento dei ragazzi con disabilità.

Sta girando in Italia uno spettacolo con un attore che si chiama Paolo Ruffini, l'attore regista chee porta la disabilità nel ridicolo. Lui ha fatto questo spettacolo per se stesso, perché il protagonista è lui e i ragazzi disabili sono un cerchio di persone. Come nello spettacolo del circo. Lui è il domatore che chiama le bestie a recitare all'interno del suo spettacolo. Questa è una cosa bruttissima, perché se tu fai lavorare un ragazzo disabile lo devi valorizzare. Soprattutto non lo puoi rendere ridicolo, lo devi aiutare a migliorare. Anche se deve dire solo una battuta, gliela devi far dire bene. Il pubblico deve applaudire perché il attore è stato bravo a dire la battuta, non perché, poverino, ha fatto fatica a dirla. Non si tratta di incoraggiare e battere le mani.

Ha avuto qualche esperienza negativa particolare da raccontare riguardo a critiche del pubblico sul fatto che questi attori possano o non possano recitare solo loro stessi?

Daniela Alleruzzo: A me questa cosa non mi è mai accaduta perché lavoriamo sulla formazione. Tutto il pubblico, i giornalisti, la critica: tutti sono sempre stati molto positivi, anche critiche molto importanti. Tantissimi giornalisti vengono a vedere i nostri spettacoli al Teatro Olimpico di Roma e scrivono: "Si apre il sipario, si vede chi è il disabile, chi è il normodotato. Dopo un secondo che inizia lo spettacolo non sai più chi è il disabile e chi è il normodotato." Questa credo che sia una delle più belle critiche che noi abbiamo potuto ricevere. Altra critica: "Il talento dei ragazzi disabili è ai livelli altissimi, L'Arte nel Cuore forma ragazzi a un livello altissimo. Anche i ragazzi disabili o con ritardo medio gravi sono dei professionisti." Questi sono tutte critiche importanti per noi, da giornalisti famosi: *La Repubblica*, *Il Messaggero*, *Il Giornale*. Andiamo anche in tv ai telegiornali italiani perché parlano spesso del nostro progetto e di come lavoriamo.

Secondo Lei ci sono certe scene, certi ambiti che sono considerati tabù per i ragazzi con disabilità cognitive?

Daniela Alleruzzo: Sicuramente la parte che resta un po' ancora così è il discorso sessuale, scene dove si parla magari di situazioni di intimità. Lì si va sul delicato, quindi bisogna stare attenti. In una scena in *Detective per caso* facciamo intuire una mutandina e l'attore dice: "Ma che cos'è? Questa è una mutandina?" E la protagonista risponde "Sì è una mutandina", come per dire: "Sì, anche io ho la mia vita privata, no? Trovi le mie cose perché ho una relazione con il mio compagno." Ci siamo andati in modo molto delicato. Abbiamo fatto vedere che dormivano insieme e lei a un certo punto si alza dal letto ed è in mutandine con le sue belle cosciotte. È una ragazza con la sindrome di Down, è bellissima, è cicciottella, è intelligente. Ha molto talento e ha potuto mostrare anche le sue gambe. È ovvio che la situazione è ancora molto delicata per il nostro pubblico. Perché la gente ancora vede la disabilità come "extraterrestri". Ma anche loro hanno la loro vita sessuale. Tanti di loro hanno i loro rapporti e sono sposati.

Ha ricevuto reazioni negative in particolare nelle sue varie esperienze per quanto riguarda scene di questo tipo?

Daniela Alleruzzo: No, perché non abbiamo mai osato più di tanto, perché c'è ancora da fare un lavoro importante di abbattimento di barriere. Non possiamo fare delle scene molto spinte, ma dobbiamo iniziare a lavorare su far vedere cosa questi ragazzi possono fare.

Pensa che le persone con disabilità cognitiva esprimano al meglio il loro potenziale interpretativo in contesti comici, tragici, o non trova una differenza?

Daniela Alleruzzo: No, non trovo una differenza. Abbiamo fatto anche cose molto importanti come Shakespeare, tantissime cose, anche testi tristi. I ragazzi sono bravi in tutto. Con *Detective per caso* abbiamo scelto una commedia dolce-amara che ha anche dei tratti commoventi. Ci sono anche dei momenti un po' di tristezza, quando lei cerca il cugino che non trova. Abbiamo voluto lavorare non sul dramma ma su una cosa adatta a tutti, dal bambino di cinque anni al nonno di 90 anni, perché a noi quello che interessava in *Detective per caso* era far vedere il talento di questi ragazzi. Farli vedere con un'ottica diversa, non da disabile ma da attore professionista. Quindi abbiamo voluto lavorare su una cosa morbida, tranquilla e adatta a tutti.

Che caratteristiche ideali dovrebbe avere un film inclusivo?

Daniela Alleruzzo: Quelle di *Detective per caso*. Per me l'inclusione è quella. *Detective per caso* è l'inclusione fatta persona, diciamo così. C'è tutto. Perché ci sono ragazzi normodotati, disabili, attori professionisti, quella è tutta inclusione.

Ha qualche consiglio, qualche spunto, su cosa dovrebbe essere fatta ricerca in questo ambito?

Daniela Alleruzzo: Più che una ricerca, c'è bisogno di fare comunicazione, messaggi inclusivi importanti, di far capire che la disabilità, messa in una condizione di formazione, può fare determinate cose. Per aprire il mondo a questi ragazzi, abbiamo bisogno di tanta testimonianza. Portiamo *Detective per caso* e altri film, spettacoli, video clip di messaggi all'interno delle scuole elementari, medie, superiori e università. Facciamo vedere il film e poi facciamo una giornata insieme ai nostri ragazzi con una lezione di recitazione. Facciamo come un percorso di resilienza per far vedere che dove c'è talento non esistono barriere, come dice lo slogan dell'Arte nel Cuore.

Mio fratello rincorre i dinosauri (2019), Stefano Cipani

Production	Producer: Isabella Cocuzza, Arturo Paglia Screenplay: Fabio Bonifacci Rights: Paco Cinematografica, Neo Art Producciones, Rai Cinema
Language	Italian
Main Casting	Lorenzo Sisto: Gio Francesco Gheghi: Jack Alessandro Gassman: Davide Isabella Ragonese: Katia Arianna Becheroni: Arianna Roberto Nocchi: Vitto
Film Genre	Comedy

Synopsis

The Mazzariol Family consists of Davide, Katia, and their three children: two girls and one boy. The youngest of the three, Jack, is the story's narrator. One day, the parents share the news of Katia's pregnancy with the kids and they decide on the name of the baby together: Giovanni. Upon his birth, the parents get to know that the baby is affected by Down syndrome. In a bid to explain the situation to the kids in the simplest way possible, the parents tell them that the baby will live in a world of his own and that he will grow at a slower pace. Not knowing what that meant, Jack imagines that his brother had special powers, quite like a superhero.

The story jumps into the future: Giovanni underwent a surgery, grows up and is particularly a fan of dinosaurs. Jack has been still trying to deduce his brother's superpowers and he finally learns that his brother is disabled. Driven by anger that his parents did not confide in him about his brother's condition and concern for his brother, he finds solace in playing drums.

Story progresses, Jack is a teenager, and his previous enthusiasm towards his brother transforms into rejection and shame. He finds it difficult to accept his brother's condition because he is apprehensive about Giovanni's future and health. He feels ashamed about his family, avoids talking of them and looks for ways to escape the reality of his home. He sets his mind on attending high school outside his town. There he meets Arianna, a girl he develops a crush on, an activist who wants to set up a student union. Jack's parents agree to let him attend the new high school. He joins the student union, and convinces his friend Vitto to follow him. To fit in the new place and make a favourable impression on Arianna, Jack feels he needs to omit the existence of his brother and his disability. He befriends older students at the school, who hang out at the community centre and plays the drum in their band. This comes at the cost of neglecting his studies and distancing himself from Vitto. In the meantime, Giovanni, encouraged by the rest of the family, wants to create a YouTube channel to post a few videos of himself. This does not sit well with Jack, as he lied to everyone about having a brother with Down syndrome. Giovanni turns to Vitto for help. Vitto creates a channel for Giovanni and uploads a few videos too. Jack secretly deletes the videos and invents a fake boycott started by a Nazi movement against his brother. The boycott makes it to the front page of the local newspaper, and the family decides to organize a protest in the town's square. Arianna's union decides to join Jack's family to support them in their demonstration, complicating the situation. Jack feels guilty and gives an impassioned speech about his brother. He also decides to come clean, confesses that he lied and owns up that he was behind the fake boycott.

His family, friends, and Arianna are disappointed and angry. He is kicked out of the band. He finds himself alone and full of regret. The only one who forgives him right away is his brother Giovanni. After a heart to heart talk with his parents and his older sisters, he apologizes and, for the first time, expresses his fears and concerns about his brother's future and health. His family holds space for him and is supportive of his attempts to mend fences. His relationship with his brother improves, and he helps him film a video for the YouTube channel. He manages to reconcile with Arianna thanks to his brother. She is moving to Milan to live with her father. He also makes peace with Vitto. The film ends with Vitto informing him that one of Giovanni's videos has gone viral.

Fig. 11: *Mio fratello rincorre i dinosauri*, 2019 (Screenshot)

Stefano Cipani

Stefano Cipani is an Italian director born in 1986 in Salò, a small town on the coast of Lake Garda. His career in film making started with his degree in Film History and Criticism at the University of Bologna. He continued his education in the United States and received a Master's Degree in Cinematography at the Universal Studios of the New York Film Academy. Here, he directed his first short films: *A Pill for David Friktenstein* (2009), *A Piece of Heros* (2009), *Napoleon's Charm* (2010), and *While God Is Watching Us* (2011). In 2009 he also directed some video clips for MTV Italy. After his second degree he directed three short films starring important Italian and international actors: *Simmetry* (2014) with Isabella Ferrari, *Shine Bright* (2016) in collaboration with the D'Innocenzo brothers which won the Best Soundtrack at the 48 Hour Film Project, and the animated short *WW1 in Colors – La Grande Guerra a Colori* (2020). It was in 2019 that he debuted as full-length movie director with the novel-based movie *Mio fratello rincorre i dinosauri*, which won the European Film Awards/ Young Audience Award and the David Giovani award for the direction. In 2021, he directed his second movie – the dramatic film *Educazione Fisica*. His first Netflix collaboration – the series *Fedeltà* was released in January 2022.

La presenza di disabili nel cinema può educare le persone a una convivenza. Intervista con Stefano Cipani (10 giugno 2022)

In quali produzioni cinematografiche ha fatto l'esperienza di lavorare con persone con disabilità cognitive?

Stefano Cipani: *Mio fratello rincorre i dinosauri* è la mia prima esperienza rispetto a lavorare con una persona che è effettivamente disabile, diciamo questa brutta parola, però avevo già lavorato su dei cortometraggi che avevano questa tematica precedentemente. Anche per la produzione credo che sia stata la prima volta in un'esperienza così massiccia. Avevamo due ragazzi con la sindrome di Down: un bambino di tre o quattro anni e un altro bambino di nove per tutto il tempo delle riprese. Non capita tutti i giorni avere al centro dell'attenzione un ragazzo disabile. Poi ovviamente il punto di vista del film come del libro è quello del fratello e si vuole porre l'attenzione sulle persone che stanno a fianco alle persone con disabilità. Anche per non essere arroganti o presuntuosi e cercare di mettersi nei panni del ragazzo disabile. Il punto di vista del libro è sempre quello del fratello osservatore che fa esperienza. È un libro autobiografico, molto diaristico, molto aneddotico. Nel processo di trasformazione in sceneggiatura abbiamo creato una struttura più solida drammaturgicamente. Ovviamente abbiamo inventato anche delle cose che non sono attinenti alla loro vita. La cosa divertente è che tutta la famiglia Mazzariol, ossia la famiglia vera descritta nel libro, è stata sul set per parecchio tempo. Loro appaiono anche nel film nella scena del museo.

Le immagini alla fine sono del vero protagonista, prese da un video da cui tutto è partito. Perché prima del libro c'è stato un video su YouTube che è diventato virale, un video amatoriale che ha fatto Giacomo su suo fratello. Il video ha attirato l'attenzione delle case editrici che gli hanno proposto di scriverlo.

Come si è svolto il processo di casting? C'è stato di per sé un processo di casting?

Stefano Cipani: Sì, c'è stato un processo di casting. Abbiamo visto una quindicina di bambini contattando le loro famiglie tramite un'associazione che si occupa di persone con trisomia appunto, famiglie che hanno queste problematiche in casa. Ci siamo subito innamorati di Lorenzo Sisto, il ragazzino che interpreta Gio a nove anni perché era molto cosciente di quello che era il lavoro dell'attore. Era molto, come si può dire, istrionico.

E disponevano di un certo tipo di formazione? Avevano già fatto esperienze precedenti di recitazione?

Stefano Cipani: No, infatti. No, erano tutti bambini semplicissimi, bambini che finivano lì e provavano se la cosa gli poteva piacere. Ci sono delle famiglie che sono più disposte a mandare i propri figli allo sbaraglio e famiglie che invece sono un pochino più restie e che diffidano un po' del mondo del cinema, fra cui la famiglia di Lorenzo che inizialmente era scettica rispetto alla partecipazione al film. Dopo hanno avuto un bellissimo riscontro: il figlio ha acquisito tantissima autostima e fiducia in se stesso in tutti gli ambiti: della scuola, della famiglia, quindi sono rimasti molto felici di questa esperienza.

Si è occupato Lei della scrittura del copione?

Stefano Cipani: Il libro è stato scritto da Giacomo Mazzariol. Lui ha co-sceneggiato il film insieme a Fabio Bonifacci, che è uno sceneggiatore molto famoso, che ha scritto diversi film, diverse commedie e successi commerciali. C'è stato un altro processo di scrittura durante il set, che è inevitabile perché viene un po' tutto quanto riscritto. E lì, ci ho messo un po' del mio.

Questi attori con disabilità hanno contribuito in qualche modo, nonostante la loro giovane età, alla modifica?

Stefano Cipani: Assolutamente sì, nel senso che anche i ragazzi con la sindrome di Down sono, come i ragazzi normali, tutti diversi. Hanno peculiarità, particolarità e *skills*, sono più bravi a fare delle cose, a fare meno altre cose. Di solito i bambini con la sindrome di Down fanno molta fatica a parlare e quindi noi nel copione, ancora non sapendo chi avrebbe interpretato Gio, abbiamo semplificato molto i dialoghi in modo che tutti quanti, quelli che poi andavamo a scegliere sarebbero stati in grado di interpretare quelle poche battute che c'erano. Da quando Lorenzo è entrato nel progetto ho cominciato ad aggiungere battute, quindi la sua parte si è molto arricchita a livello linguistico.

Si modifica il lavoro nel set grazie alla loro presenza?

Stefano Cipani: In realtà sul set non abbiamo fatto alcuna differenza tra lui e gli altri ragazzini. Lo abbiamo trattato esattamente come i suoi colleghi. Stava sempre insieme agli altri ragazzi e quindi i suoi "difetti lavorativi" erano quelli che potevano essere per qualsiasi altro ragazzino. Magari si stancava, faceva i capricci, però più che implicare una modalità produttiva a tutta la troupe coinvolta, ha implicato una creazione ad hoc del suo personaggio. Nel senso che quello che lui riusciva a fare, che gli veniva bene, noi lo prendevamo e poi lo inserivano appunto nel film in maniera organica.

Puó dire quindi che sia aumentato il volume di lavoro?

Stefano Cipani: Ha stupito tutti ed era sempre una sorpresa quello che erano le sue possibilità, le sue capacità, la sua comprensione di essere lì a fare un lavoro professionale serio. Lui è il vero messaggio del film: un bambino così riesce a fare l'attore professionista e quindi ad affrontare un lavoro con una serietà e un rispetto nei confronti dei colleghi. Questo è stato abbastanza incredibile.

Era più istintivo quello che creavo con lui, nel senso che magari lasciavo girare la macchina da presa e intanto parlavo e gli facevo ripetere le battute. Ecco, se magari un bambino ci metteva una volta per dire la battuta giusta, lui magari ce ne metteva tre, però due andavano bene, non so come dire. Cercavo di metterlo a suo agio.

Come imparava le battute? Che approccio aveva al copione?

Stefano Cipani: Gliele insegnavo poco prima di cominciare. Gli facevo fare delle prove, gli dicevo: "Dì questo!", poi lui risponde così, "Dì quest'altro!", le provava tre o quattro volte. Quello che doveva fare era relativamente semplice a livello linguistico. Comunque facevamo delle prove. Lui era assolutamente diligente.

Quando fai un film tutti quanti ti dicono non usare i bambini e non usare i cani perché i bambini e i cani sono difficilissimi da gestire sul set. Mentre invece Charlie Chaplin ha sempre sostenuto che i migliori attori di cinema fossero proprio i cani e i bambini. Non saprei di che scuola far parte. Diciamo che per me è stato molto semplice lavorare con Lorenzo perché è stato bravissimo. Non abbiamo avuto nessun tipo di problematiche se non il primo giorno che si è ammalato e quindi era molto svogliato ed è stato per una settimana costretto a casa.

Cosa l'ha sorpresa maggiormente nel collaborare con Lorenzo?

Stefano Cipani: È come lavorare con i bambini. Ai bambini tu fai capire che c'è una cosa che è importante, che hanno una missione da compiere, e che c'è in ballo qualcosa di importante. I bambini vanno al di là dello stipendio, dei soldi, della fama, della prima al cinema. Pensano solamente a fare quella missione nel modo più puro e dando tutto. E così è stato con tutti i 14 minorenni che avevamo sul set e anche con Lorenzo. Un altro aneddoto divertente è che Lorenzo non voleva prendere ordini da nessuno se non da me. Quindi se Stefano diceva una cosa allora bisognava andare sul set.

In che modo sono state soddisfatte o deluse le sue aspettative?

Stefano Cipani: Sono solamente soddisfatto, è stata sempre una gratificazione, sempre di più di quello che ci aspettavamo. Non ci siamo fatti tante aspettative, nel senso sapevamo che andavano incontro a una cosa molto complessa, difficile, ma che invece poi la scelta di Lorenzo è stata giusta, perché Lorenzo, era in grado di comunicare molto bene, con un'empatia emotiva e un volto malinconico che appunto era giustissimo per il film.

Molti spettatori credono che le persone con disabilità cognitiva non sono in grado di comprendere un ruolo che non sia quello di loro stessi nel film in cui stanno recitando. Cosa ne pensa?

Stefano Cipani: È difficile, nel senso che il più delle volte è ovvio che magari interpretino più se stessi. Però è come quando vedi Robert De Niro. Robert De Niro diventa un calzolaio, un killer, un ladro, un poliziotto, però di base porta sempre un'energia sua personale di Robert De Niro. E questo succede secondo me con tutti gli attori. Che loro siano in grado di accettare di fare qualche cosa che sia al di fuori della loro logica, questo è un altro discorso. Per esempio c'era una scena dove Lorenzo doveva tirare in porta, doveva fare gol, in porta c'era suo fratello. Lui tira, il fratello para il tiro e lui doveva comunque esultare perché era contento che suo fratello avesse parato questo tiro. Era impossibile fargli fare questa scena. "Non la faccio perché non ha senso", continuava a dire. "Perché io devo esultare, se mi ha parato il gol? Non ha senso, io devo esultare se faccio gol."

Ci sono dei capricci che possono avere anche star come Robert De Niro. "No, non me la metto questa camicia", "Non mi piace questo colore", "Il personaggio non direbbe mai una cosa del genere." È difficile capire, se un ritardo psichico incide su questa accettazione del mondo filmico come se fosse quello reale. Qualsiasi cosa io faccio nel mondo filmico deve rispecchiare qualcosa che potrei fare anche nel mondo reale. Rispetto a quel tipo di autocoscienza, non saprei bene che cosa rispondere. Sicuramente Lorenzo sapeva di interpretare una persona che non era lui e cercava di essere un personaggio altro, cioè non se stesso. Però, appunto, ci sono delle cose proprio di logica difficile da fare, perché devi convincerlo.

Era la sua prima esperienza in un set cinematografico. Secondo Lei l'esperienza è stata sufficientemente positiva per lui da voler continuare in questo cammino?

Stefano Cipani: In realtà, secondo me lui non si è fatto nessun tipo di aspettative rispetto a fare l'attore. Non credo neanche nella sua immaginazione ci fosse un seguito a questo. Secondo me era un'esperienza unica. Credo che i genitori gliel'abbiano spiegata in questo modo: "Se vai a fare un film, non è che poi ne fai un altro." Però è stato molto appagante dal punto di vista dell'autostima per questo ragazzo. Mi raccontava su mamma che adesso, quando va a scuola, tutti quanti gli schiaffano il cinque perché lui è l'attore del film. E i suoi genitori, soprattutto, hanno acquistato autostima perché hanno visto quello che lui era in grado di fare.

Ha ricevuto qualche particolare reazione del pubblico?

Stefano Cipani: Non ti saprei dire. Ovviamente ha avuto tutte recensioni super positive, perché è stato bravissimo. Le persone gli hanno voluto bene. Le critiche negative quando si devono spendere con una persona disabile si fanno sempre più in sordina, quindi queste non mi giungono. Però secondo me, quello che posso pensare io – alla fine sono il più feroce critico dei miei lavori – ha fatto una buonissima performance.

È un film che ha avuto una calda accoglienza da parte del pubblico per via della tematica. Anche per il modo in cui è stata trattata, ma soprattutto per la tematica. È sempre raro vedere film di questo tipo. Ovviamente ce ne sono tanti e qui in Italia se ne sono fatti diversi anche negli scorsi anni su ragazzini con la sindrome di Down, con ragazzi autistici, insomma, con tante varie problematicità. Però non hanno avuto lo stesso riscontro di questo film, magari perché mancava un romanzo di successo a priori. Oppure mancava una certa sensibilità nell'affrontare il tema sotto un punto di vista più leggero, non patetico, dal punto di vista del fratello. È un film sull'adolescenza e non sulla disabilità e cerca di non focalizzarsi sulla disabilità ma su qualcosa di universale, come poteva essere il senso di vergogna che un teenager prova nei confronti della sua famiglia.

Quando si fa un film, i registi sono sempre affascinati dalla parte umana, dai rapporti umani, dalle emozioni, dal pensiero. Un ragazzo disabile può metaforizzare e semplificare delle cose molto complesse. Ti faccio un esempio: noi usavamo anche il personaggio di Gio nel film per una satira della società. Alla fine un ragazzino può sottolineare delle contraddizioni della nostra società, no? Tanti registi magari non vogliono focalizzarsi tanto sulle disabilità, perché è una cosa piccola, come se facessi un film su una relazione tra un marito e una moglie per farne solo un film sull'amore. Mentre invece io voglio fare un film sulla famiglia o un film su un difetto borderline della personalità. Ci sono tante cose che si possono raccontare in quella cornice. Un regista che vuole sempre andare oltre e parlare di qualcosa che trascenda la superficialità, a un certo punto metaforizza la disabilità per raccontare una cosa ancora più grande. Non che la disabilità sia una cosa insignificante, assolutamente, ma è semplicemente che ti serve per dare un messaggio. Come il nostro film, che è un messaggio d'amore incondizionato, va al di là della disabilità.

Pensa che gli attori con disabilità cognitiva esprimano meglio il loro potenziale in un contesto specifico o in un genere specifico? O crede che non ci sia differenziazione?

Stefano Cipani: No. Il cinema una volta era un grande cinema. Adesso non è più il cinema, perché si ispira alla realtà. Prima il cinema s'ispirava a qualcosa che andava oltre la realtà e la vita si ispirava al cinema. Prima vedevamo quel personaggio vestito in un certo modo fumando una sigaretta al cinema e andavamo a comprarci lo stesso vestito e fumavamo la stessa sigaretta. Adesso invece il cinema chiede: "Che cosa fuma la gente? Fuma la iqos, okay, prendiamo la iqos. Come si veste la gente? Con quel cappotto, okay, mettiamo il cappotto." Cioè, è chiaramente meno d'impatto a livello di moda. E questa rappresentazione del disabile nei film attuali è sempre lo specchio di quello che succede nella realtà.

La maggior parte dei disabili, che sono per esempio in sedia a rotelle, non escono di casa. Perché se escono di casa qui a Roma, dove ci sono delle buche tremende, non riescono a fare tre metri. Se devono prendere un taxi per andare in un posto, devono chiamare il taxi una settimana prima per prenotarlo. La maggior parte delle persone disabili sta a casa e per questo il cinema non li vede per strada e non riesce neanche a integrarli a livello di personaggi secondari, neanche a livello comico. Sarebbe comunque un bene avere un lato più ironico, più leggero nei confronti della disabilità, integrare un disabile nella storia come elemento comico o drammatico, come parte di un gruppo. Purtroppo nella realtà, almeno qui in Italia, a Roma, nello specifico, se ne vedono sempre pochissimi. Difficilmente si riesce a fare un film commerciale con un protagonista disabile su una sedia a rotelle, oppure ci sono pochi casi. Poca capacità di inserirsi drammaturgicamente in una storia e raccontare di cosa hanno bisogno per vivere in una società civile.

Adesso il cinema è diventato uno specchio della realtà piuttosto che viceversa, piuttosto che il cinema a rendersi modello. Questa tendenza si deve invertire assolutamente. Se no il cinema muore lentamente perché nessuno ha più bisogno di andare a vederlo, e non vedere "altro" che sta al di sopra della vita. Perchè vai al cinema? Perché c'è lo schermo lassù gigante, perché qui siamo piccoli e guardiamo dal basso questo mondo fantastico. Adesso stiamo sempre in casa. Se tu vai al cinema hai un confronto con la società, con il mondo, con il film stesso. A casa hai un conforto. Se io facessi vedere in ogni film un disabile, se lo facessi tre, quattro, cinque volte, io educherei il pubblico alla loro presenza, al loro punto di vista, alle loro necessità.

Si può anche parlare di un film inclusivo?

Stefano Cipani: Non saprei che cosa dire su queste cose. Non l'ho mai capito il termine "inclusivo". Non so esattamente che cosa significhi. Magari in Germania avete dei termini che descrivono meglio cosa vuol dire, visto che siete una lingua filosofica del pensiero. "Inclusività"... "includere" mi sembra che si riferisca a un oggetto più che a una persona. "Includo pure...l'aria condizionata e i sedili in pelle della mia nuova auto!"

Meglio parlare della partecipazione attiva nella società. Non è una cosa scontata. C'è una carissima amica disabile con la paralisi cerebrale che va in carrozzina. Il problema non è la persona disabile, il problema è la carrozzina, la carrozzina che non passa sopra il marciapiede, la carrozzina che non fa le scale. È la carrozzina, il mezzo con le ruote che non può accedere a certi posti. Abbiamo ricoperto il nostro mondo di cemento per far passare le macchine, bruttissime, a quattro ruote. Tutto il mondo è coperto di cemento. Potrebbero coprirlo leggermente anche per creare pedane e passaggi per queste "altre" ruote, che altrimenti non vanno da nessuna parte e rischiano di restare di casa.

Diciamo che per Lei si dovrebbe parlare idealmente di un film educativo?

Stefano Cipani: Sicuramente sì. Almeno cioè, diseducativo ed educativo. Bisogna pensare a come diventa efficace l'educazione. Mandi dei messaggi molto importanti nel contesto di qualcosa che è minimamente trasgressivo per il pubblico – devi invogliare anche il ragazzino a vedere il film. Vuole vedere la ragazza carina che potrebbe essere come quella che sogna, che i ragazzi fanno delle cose non esattamente conformi alla legge, che fanno delle trasgressioni, si liberano dal controllo dei genitori. All'interno di quello poi metti un discorso più ampio. Credo sia la serietà con la quale poi affronti l'argomento che diventa efficace.

Secondo Lei esistono delle particolari tematiche che non sono adatte ad attori con disabilità cognitiva?

Stefano Cipani: Secondo me no, perchè paradossalmente il ragazzino con la sindrome di Down dissacra, sdrammatizza, deride, fa satira. Se vede uno che fuma, si mette lì e gli fa il verso. Lo prende quasi in giro, perché magari non ha quella capacità di relazionare tutto alla morte. Prende tutto con leggerezza, fino a farti vedere magari sotto un'altra prospettiva quella stessa cosa. Per esempio quella scena in cui Gio che prende la sigaretta e suona. Perché prende la sigaretta? Perché in effetti lo sta sfottendo, fa anche lui il figo, prende la sigaretta e fa anche lui finta di fumare. Ma in realtà lo sta prendendo in giro. Perché questo ragazzo si sta atteggiando e quindi anche lui si vuole atteggiare un po', dimostrando anche quanto possa risultare ridicolo.

Ha qualche spunto per noi su cosa bisognerebbe fare ricerca, per quanto riguarda il film, l'ambito del cinema e la rappresentazione di persone con disabilità cognitive?

Stefano Cipani: Secondo me è interessante vedere dove si possono spingere certi limiti rispetto alla loro partecipazione nel mondo delle arti. Cosa significa per un ragazzo disabile fare l'attore. Essere all'interno di un gruppo e avere la possibilità di lavorare. Piuttosto che le opinioni personali dissacranti di certi autori che ti vogliono dire cosa significa "la disabilità all'interno del mondo" andrei a uno studio empirico sulle opinioni di questi ragazzi. Farli partecipare, sentire la loro voce, non farli parlare per terze persone. Sicuramente il rapporto *one to one* è la cosa migliore, quello che ti gratifica di più, quello che ti fa aprire gli occhi.

Ho amici in Paradiso (2016)/Fabrizio Maria Cortese

Production	Screenplay: Fabrizio Maria Cortese, Giulia Lusetti, Stefano Piani. Production: Antonio Maria Cortese, Antonio de Feo. Rights: Golden Hour Films, Rai Cinema.
Language	Italian
Casting	Fabrizio Ferracane: Felice Castriota Valentina Cervi: Giulia Antonio Catania: Don Pino Antonio Folletto: Antonio Daniela Cotogni: Carmelina Michele Iannaccone: Natale Paolo Mazzarese: Salvatore Giorgio Mazzarese: Marcello Stefano Scarfini: Fabrizio Mariano Belvedere: Giacomo Paolo Silo: Roberto
Film Genre	Comedy

Synopsis

Felice Castriota, is an accountant working in Salento, in southern Italy. In the opening scene, he illegally parks in the handicap parking spot without any consideration that it is reserved for accessible parking. He arrives late for his meeting with the public prosecutor, who accuses him of mafia-related money laundering and tax evasion, which can mean a minimum of seven years in prison. The prosecutor makes it clear that he is not interested in imprisoning him. They offer to cut him a deal of reduced sentence of 12 months of community service in exchange for reliable leads and information on the well-known mafia boss U Pacciu. He accepts, but, as a whistle-blower against organized crime, he worries about retaliation he might have to face in the future.

Due to ongoing investigation, his bank accounts are frozen and he seeks financial assistance from his mother who admires his courage to take the deal and feels proud of his decision. His community service takes place in Rome, in a residential treatment facility for people with disabilities, L'Opera Don Guanella. There, he meets Don Pino, the priest in charge of the centre, Katia, a nurse in charge of teaching him the job, and Giulia, a beautiful psychologist.

Felice is initially reluctant to help and is only interested in charming the psychologist who rejects his advances. He is assigned as a caretaker to Antonio, a young patient affected by spastic hemiplegia. Felice's roommates, older men affected by intellectual disabilities, are loud sleepers. After being unable to sleep in his room, he decides to spend his first night there in his car. He wakes up late the next morning which gets him in trouble with his colleagues. Felice promises himself that he will try harder to be of help at the facility. After a period of initial adjustment, he starts to befriend the residents in the facility. He even reaches an agreement with his roommates and sleeps alone in a small but private room. He develops a deep friendship with Antonio and finds out that Antonio acted in Shakespeare's *Richard III* a few years ago. He also learns that Antonio is attracted to Carmelina, a girl with Down syndrome who visits the facility to dance to the tango. Felice guides him on how to approach and woo her. Felice is, however, still inexperienced and reckless. Giulia and Don Pino grow impatient, and threaten to send him away. To demonstrate his commitment, Felice volunteers to direct and stage the play *Richard III* with the residents of the Don Guanella. Don Pino accepts after initial hesitation. Giulia is positively surprised by Felice's dedication. She begins to warm up to him and when he invites her for lunch, she happily accepts. He surprises her by organizing lunch at the facility, where the residents cook and wait on them. She opens up to him about her personal problems: the stress of being a single mother and raising her rebellious teenage son, Lorenzo. Giulia and Felice are about to kiss when she receives a call from the police station, informing her that Lorenzo had been in a fight. The following week, she takes him to the Don Guanella, and Felice finds a part for him in the play.

As things start to look up, Giulia learns that Felice has been sentenced to community service for mafia-related crime and refuses to go out with him again. During a play rehearsal Antonio suddenly falls on the ground and dies before anyone can call for medical assistance. Felice is devastated and wants to leave the centre since he has already completed his community service time. However, Carmelina convinces him to stay and stage the play.

Mafia boss U Pacciu is released from jail and learns that Felice is in Rome. He sends his men to kidnap Felice. During the act, Carmelina overhears the conversation and finds a phone they dropped. She takes it to her friends, who decide to steal Felice's car and save him themselves. Giulia and her colleagues learn that U Pacciu is threatening to kill Felice. Don Pino calls the police, who follow Carmelina and her friends. Giulia undertakes a solo quest to search for Felice but is caught by U Pacciu's men. Luckily, the residents of Don Guanella and the police manage to find U Pacciu's location and save Felice and Giulia. They kiss, implying her forgiveness. The movie closes with the landscape of Gallipoli, with the voice-over of Antonio's last lines before his death.

Fig. 12: *Ho amici in Paradiso*, 2016 (Screenshot)

Fabrizio Maria Cortese

Fabrizio Maria Cortese began his professional association with the theatre industry in the early 90s, directing a series of theatre shows. He went on to author several television shows in collaboration with Rai International. *Welcome Albania*, a full-length feature film about the Albanese migration in the southern Italian region of Puglia marked his directorial debut in the year 2000. *Ho amici in paradiso*, realized in collaboration with the organization Opera Don Guanella in Rome in 2016, received several recognitions at the Rome Film Festival in the special events section. In 2020, his movie *Free* was released, also based on a similar message of social inclusion. It attempts to amplify the voices from one of the most vulnerable groups in society, the elderly. The director is currently working on a new production: *Il meglio di te*, revolving around the remorse felt by a man who prioritized his career over emotional connections.

Hanno una velocità d'azione nel sentimento, nel dare. Intervista con Fabrizio Maria Cortese (7 giugno 2022)

Come è nata la idea di *Ho amici in Paradiso*?

Fabrizio Maria Cortese: Tutto è cominciato perché un mio amico ha avuto un incidente stradale e dopo tanti ospedali non ce l'ha fatta. Lo hanno portato al Don Guanella[3] perché è diventato cerebroleso. Andavo a trovarlo tutti i giorni e ho conosciuto la realtà del Don Guanella. Ho conosciuto i ragazzi, la gente che vive lì. Sono diventato amico di molti di loro e con leggerezza, con la leggerezza più totale mi è venuta l'idea di scrivere un soggetto che raccontasse la vita lì dentro, pensando a un malavitoso che veniva mandato al Don Guanella per scontare i servizi sociali. Ho scelto sette, otto ragazzi dell'Opera Don Guanella e li ho preparati per due anni perché loro erano molto rigidi, erano rigidissimi e non capivano. Ma la prima cosa, la cosa fondamentale, era diventare loro amico. Quando siamo diventati amici, loro si sono sciolti totalmente e hanno cominciato a lavorare per diventare attori.

I protagonisti del film sono tutti ospiti del Don Guanella?

Fabrizio Maria Cortese: Gli attori disabili del film sono tutti ospiti del Don Guanella. Li ho fatti lavorare insieme ad importanti attori professionisti italiani. Ho fatto questo mix. Questo è durato diverso tempo perché abbiamo lavorato sul movimento scenico, sull'improvvisazione, sulla respirazione. Sono diventati talmente sciolti che alla fine io scrivevo la sceneggiatura mentre li preparavo. È venuta in mente tutta la storia partendo dal soggetto: una storia di liberazione, di amicizia. Lui entra all'interno del Don Guanella e diventa loro amico e c'è uno scambio totale tra loro che addirittura scappano dal Don Guanella per salvarlo.

La cosa importante era non parlare mai di disabilità. Nel film non parlo mai di disabilità. Cioè per me l'opera Don Guanella, questo centro per disabili, potrebbe essere una *location* come potrebbe essere una caserma o qualsiasi altra cosa. Loro si sono sentiti a loro agio nella normalità. Racconto la normalità e

---

3 Il Centro di Riabilitazione Opera don Guanella – Casa San Giuseppe, sito presso via Aurelia Antica a Roma, cf. https://www.centrodiriabilitazionedonguanella.org/.

questa cosa piace di questo film. Anche la preparazione per il re *Riccardo Terzo*, il re storpio, è stata una cosa voluta insieme, come il tango e il ballo. Molti di loro ballano veramente con tanta spontaneità. Ballano, cantano e ridono. Molti stanno aspettando che faccia l'altro film perché vogliono lavorare subito.

Molti dei miei ospiti, ragazzi, attori hanno sospeso le terapie durante le riprese. Cioè per tutto il tempo del film, non hanno più preso psicofarmaci e si sono sentiti normali, perfetti, non avevano più bisogno di psicofarmaci per mesi. Quando sono stato anche a Cuba e a Lussemburgo in tante università e tanti congressi internazionali mi hanno chiesto perché e io ho parlato di adrenalina propria: loro sostituiscono quello che è lo psicofarmaco e la propria adrenalina li fa sentire sicuri di sé. Non hanno più preso psicofarmaci per molto tempo, poi li hanno ripresi quando ho smesso di lavorare.

Siamo stati a Los Angeles. Li ho portati a Hollywood con la proiezione del film. Gli attori si presentavano al Chinese Theatre, un teatro importantissimo dove prima facevano gli Oscar. Avevano la propia adrenalina e raccontavano la loro esperienza davanti a 400, 500 persone in modo tranquillo, serio, senza proprio avere problemi causati dalla sindrome di Down. Questo lavoro fa totalmente annullare il loro Down. Tutti i giorni vivono con gli psicofarmaci e hanno momenti di esaltazione e momenti invece di depressione. Si angosciano perché magari con gli psicofarmaci si abbattono un po'.

Uno studio dovrebbe far arrivare a ragionare su questa cosa perché si potrebbe aiutare tanta gente. Soprattutto si potrebbe pensare ad un laboratorio dove si fanno lavorare tanti disabili con lo studio, con l'arte, attraverso il cinema, le serie e non far lavorare sempre gli attori professionisti che fanno la parte dei disabili, ma far lavorare i disabili, che è un lavoro per loro ed è anche una grande terapia.

In passato, oltre a *Ho amici in paradiso* ha lavorato anche ad altre produzioni?

Fabrizio Maria Cortese: Ho lavorato come autore, ho fatto un altro film che invece riguarda le persone anziane. Anche questa è una fuga. In tutti i miei film la cosa importante è la fuga perché attraverso la fuga, uno riesce a scoprire la libertà di farci sentire ovunque noi stessi e ad avere un campo libero per poter agire bene con gli altri. È una fuga di cinque anziani che scappano da una casa di riposo per realizzare il sogno della vita. Avevano dimenticato che ci avevano dei sogni e alla fine li realizzano. Il film si intitola *Free*, liberi.

Pensa già ad un altro film?

Fabrizio Maria Cortese: In Spagna è nata un'idea e ho scritto un soggetto intitolato *Nuestras vidas*. Questa volta racconto le vite di sette, otto ospiti del Hogar

Don Orione di Madrid.[4] Racconto una rapina che viene sventata totalmente da sette, otto disabili del Don Orione. È il progetto per una serie televisiva, che è molto di più di un film. Puoi raccontare molto di più. Ho pensato a un viaggio che fanno questi disabili. Attraverso una fuga dal centro decidono di passare una serata diversa e poi si trovano nel bel mezzo di una rapina che fanno in banca. Con la loro astuzia – perché sono molto più avanti delle persone "normali" – riescono a salvare il bottino, i soldi della banca. È molto divertente. Adesso con la Spagna, la università Complutense, si sta sviluppando il progetto. Forse vogliono produrre il film e io faccio la regia. Sarebbe bello mettere come cappello un lavoro universitario dietro a una serie televisiva. Dopo il lockdown la gente si è abituata a stare a casa, a vedere le serie televisive che vanno in tutto il mondo. Oggi è più importante lanciare messaggi attraverso le serie che al cinema.

Adesso sto per girare un altro film a settembre che parla di famiglia. Riguarda la storia di un uomo d'arte, un disegnatore, che durante gli ultimi cinque giorni della sua vita recupera tutti i suoi affetti che aveva perduto. Era stato un uomo molto superficiale, ma bravo con un grande talento. Alla fine dà il meglio di sé. E difatti il titolo è *Il meglio di te*. Sto producendo il film insieme alla Rai. Sempre c'è la Rai nei miei film.

In *Ho amici in Paradiso* il casting non è stato svolto con attori professionisti, ma con questi ragazzi del Don Guanella. C'è stato all'interno di questo l'intero processo di decisione di produzione del film una specie di casting per i ragazzi?

Fabrizio Maria Cortese: Per i ragazzi ho dovuto sceglierne otto, nove tra i 200 che c'erano all'interno. Ho scelti quelli che potevano darmi più chiavi, quella dell'improvvisazione, della spontaneità, della memoria, della brillantezza, dell'ironia. Insomma, ho fatto una selezione. I professionisti che lavoravano insieme a loro nel film, invece, erano attori del calibro nazionale importante, diciamo. Ho fatto questo mix tra ragazzi scelti. Questi non avevano mai fatto nulla, ma alla fine sono diventati più bravi di quelli professionisti.

Sono stato molto tempo all'interno dell'Opera Don Guanella, accanto a loro e senza far capire nulla. Vedevo quanti di loro si approcciavano al progetto e avevano interesse al progetto e quanti di loro oltre all'interesse si

---

4 La casa Don Orione è un'istituzione senza scopo di lucro che sostiene le persone con disabilità e appartiene alla congregazione religiosa fondata da San Luis Orione, Piccola Opera della Divina Provvidenza; cf. http://www.hogardonorione.org/.

fidavano di me. Perché la prima cosa che nasce è il fatto della fiducia. Se loro hanno completamente fiducia e si sentono veramente amici, cioè si rendono conto che non li sto prendendo in giro, loro si aprono totalmente e ti danno tutto quello che ti possono dare. La cosa importante è l'amicizia. Quando loro sono entrati al 1000 per 1000 dell'idea che eravamo diventati veramente amici, abbiamo cominciato a lavorare seriamente. Il laboratorio è durato molto a lungo. Poi ho scelto quei sette, otto attori.

La formazione prima di girare il film è durata due anni. Prima di cominciare a girare noi siamo stati due anni a fare tanto gioco con l'idea del cinema insieme. Abbiamo improvvisato, giocato, cantato, lavorato sull'esercizio fisico. Si sono sciolti totalmente e poi alla fine abbiamo lavorato sul copione, sulla sceneggiatura.

Chi scrive i copioni? Gli attori apportano idee proprie alla scrittura del copione o alle scene girate, al momento di impararlo o di girarlo?

Fabrizio Maria Cortese: Il copione lo scrivo io perché io ho scritto il soggetto e anche la sceneggiatura. Una volta scritto l'idea, questa diventa il soggetto e questo diventa trattamento, come il romanzo del film. Poi il trattamento viene scalettato e lì arrivano le scene e diventa sceneggiatura. Chiaramente, mentre stai lavorando con un gruppo di attori, magari possono esserci altre idee da aggiungere e quindi si varia la sceneggiatura e lo scritto. Attraverso l'improvvisazione e le prove che facevamo venivano spunti interessanti, simpatici e carini dagli attori, e io andavo a modificare la sceneggiatura mentre lavoravamo insieme nel preparare il film. A noi ci hanno dato tanto, ci hanno aiutato a crescere. Si nota questa vicinanza nel film.

Loro non vedono l'ora che arrivi il secondo film perché per loro è una grande terapia. E un sogno dell'attore nel cinema, ma questo succede anche agli attori "professionisti". Prima di diventarlo hanno il sogno che da una carica di adrenalina fortissima. Il sogno dell'attore nel cinema è molto forte, nella televisione e nei media oggi. Quindi riuscire ad avere un'esperienza del genere li fa sentire super potenti e forti, senza problematiche e senza problemi.

Dal punto di vista del lavoro sul set, ne è aumentato il volume? Come imparano le battute le persone con disabilità?

Fabrizio Maria Cortese: Molti avevano paura che lavorando con i disabili le riprese durassero anni. Pensavano che col disabile si fermassero e si bloccassero. Sostengo in continuazione che è molto più facile lavorare con loro perché hanno queste sostituzioni, questa improvvisazione, questa incoscienza che, una volta imparato a memoria, la parte col gioco, le persone con l'incoscienza riescono a chiudere la parte prima di altri attori professionisti, senza l'incoscienza, che devono studiare e non riescono soltanto con la memoria a essere veloci. Per me è stato molto più semplice lavorare con loro che con i professionisti.

Alcuni di loro non sanno neanche leggere, altri sì. Raccontando a quelli che non sanno leggere e parlando della battuta, loro si ricordano. Hanno tanta, tantissima memoria. Dipende anche molto dalla patologia, ovviamente, però la memoria ce l'hanno. Poi col gioco dell'improvvisazione e con le sostituzioni, con l'incoscienza, una volta imparata...Perché la cosa importante di un gioco è lavorare sull'improvvisazione, attraverso l'improvvisazione. Gli attori con disabilità son padroni del loro spazio scenico e con la memoria riescono a fare tutto quello che possono fare. Parlando del metodo Stanislavskij, l'attore dopo aver riso può piangere pensando magari a un lutto familiare. Gli attori sostituiscono e piangono durante una scena. In *Ho amici nel Paradiso* una ragazza con la sindrome di Down, Carmelina, la ragazza che balla, mi domanda: "Scusami Fabrizio, ma è possibile in quella scena in cui devo piangere pensare ai miei genitori che si sono separati?" Ho detto: "Sì, assolutamente, piangi, pensando ai tuoi genitori." Ecco il metodo Stanislavskij! Vuol dire che gli attori con disabilità ce l'hanno già dentro. Questa è una grande dote.

Cosa l'ha sorpreso maggiormente di collaborare con questi attori con disabilità cognitiva?

Fabrizio Maria Cortese: La sorpresa è stata la loro capacità, la loro grande voglia di evadere da una situazione che era probabilmente la loro quotidianità, il fatto di potersi lanciare totalmente in questo spazio grande, il sogno che è il cinema. Mi ha sbalordito questa grande voglia e questa grande energia che hanno. Un grande pianto l'ultimo giorno delle riprese perché i mesi passavano e mi dicevano: "Ma noi non siamo più amici adesso?" Il loro problema era quello di non essere più amici perché con questo film è finita anche la nostra amicizia. Ma non è vero perché vado spesso a trovarli. E poi sicuramente nasceranno altri progetti.

C'è qualcosa di specifico del lavoro sul set che si modifica attraverso queste persone con disabilità cognitiva?

Fabrizio Maria Cortese: Assolutamente. Modificano le loro menti come si modificano le menti degli attori professionisti che stanno accanto. Cioè cambia tutto, cambia proprio la tipologia di lavoro perché c'è la coscienza e l'incoscienza che si sposano e diventano un'unica cosa. Non è una cosa di tutti i giorni. Vediamo molta gente perennemente chiusa nell'istituzione, però quando li vedi liberi sul set, a lavorare come attori professionisti e assieme ad attori professionisti, vedi la coscienza e l'incoscienza che devono stare insieme.

Le sue aspettative per quanto riguarda questo progetto: sono state soddisfatte, superate, o sono state deluse?

Fabrizio Maria Cortese: Sono andate al di là delle aspettative, molto di più. All'inizio, molti pensavano: "Non è una cosa facile. Sicuramente farai un documentario e non andrai oltre." Quando hanno visto il film sono rimasti sbalorditi e hanno detto: "Mamma mia, è un'impresa." E un'impresa è stata! Siamo riusciti a farlo. L'abbiamo fatto bene e adesso si sta pensando di fare una serie internazionale. La Rai mi è stata accanto e ci ha creduto dopo. All'inizio è stata un po' scettica sul fatto che si potesse realizzare un film perché c'era molta lentezza, molto lavoro da fare. Invece alla fine ci hanno creduto quando hanno visto il prodotto finito.

Molti spettatori credono che gli attori con disabilità cognitiva possano recitare solo loro stessi e non capiscano quello che stanno recitando. Ha avuto qualche particolare esperienza con reazioni dal pubblico di questo genere?

Fabrizio Maria Cortese: Il pubblico oggi, secondo la mia esperienza, pensa che tutti possano fare qualsiasi cosa, a parte chi non riesce fisicamente perché ha problemi di movimenti. Tutti gli altri possono tranquillamente fare parti. Una volta che hanno la memoria e l'improvvisazione, nessuno si rende conto che hanno delle patologie. Il mio lavoro porterà a questo. È questa l'esperienza che io voglio fare. Aprire delle agenzie, un laboratorio dove si possa arrivare a lavorare con tutti a 360 gradi. Anche come agenzie ad esempio di attori, magari dai centri di disabili, che vengono chiamati per lavorare in film importanti internazionali. L'inclusione è lavorare su queste cose. Ci sono attori che posso realmente fare la parte di attori. Ma devono essere loro stessi a lavorare. Perché hanno tutte le capacità per poterlo fare. Bisogna crederci un po' di più.

Ci sono tematiche che secondo Lei sono ancora considerate tabù per attori con disabilità?

Fabrizio Maria Cortese: Assolutamente no, si può e si deve parlare di qualsiasi cosa. Basta con questi tabù. Già per il fatto che ancora si continua a parlare di tabù vuol dire che non si vuole fare l'inclusione. Il tabù blocca, il tabù ferma. Il tabù ti spinge a non fare le cose. Bisogna essere liberi di fare qualsiasi cosa. E parlando di loro: sono persone normali. Parliamo di "disabilità", di "diversi", di "ultimi", non parliamo di inclusione. Basta parlare di ultimi, di diversi. Bisogna parlare e basta. Parlare di tutti. Dire che qualche persona è "normale" vuol dire che c'è qualcuno che non è normale. Bisogna non parlarne. Non bisogna specificare, sottolineare. Nella serie qualche cosa la faccio dire da loro, ma non la faccio dire da altri. Perché finché lo dicono loro, può star bene. Loro si possono lamentare del sistema, della società, di quello che sentono. Ma lo devono dire soltanto loro, non noi. Se lo diciamo noi, non facciamo inclusione, facciamo esclusione.

Secondo Lei le persone con disabilità cognitiva esprimono al meglio il loro potenziale interpretativo in contesti comici, tragici, o non importa il contesto?

Fabrizio Maria Cortese: Qualsiasi. Loro possono passare da una scena comica a una scena drammatica con una facilità impressionante. Loro sono molto veloci. Perché ce l'hanno dentro l'ironia e il dramma. Per me questi film non sono né commedie, né dramma. Quello che faccio io è un *dramedy*, che è una via di mezzo. Quello che si vede, si sa è un dramma, perché c'è tanta sofferenza dietro. Ci sono anche delle esperienze, la famiglia, come hanno vissuto, il disagio. Però alla fine io voglio dare anche l'ironia, per fare un mix insieme e raccontare con leggerezza una storia. Quindi loro possono partire dall'essere drammatici e piangere, a ridere come pazzi e raccontare delle storie che fanno ridere la gente. Anche un film d'orrore, perché no? Certo che si può fare! Qualsiasi genere, qualsiasi tipo di film. Horror, comico, romantico. È bello raccontare le storie d'amore tra due disabili.

Cosa significa per Lei "film inclusivo" e quali sono le caratteristiche ideali?

Fabrizio Maria Cortese: "Film inclusivo" è un po' quello che ho detto prima. Raccontare l'inclusione, lo stare totalmente insieme senza avere problemi, senza passarci i problemi, senza raccontarci problematiche. Inclusivo è il racconto. Raccontare una storia con leggerezza senza avere pregiudizi. Nessun pregiudizio. Questo è l'inclusione, e la possiamo fare tranquillamente col cinema. Col teatro si è fatto, si sta facendo, si stanno facendo tanti esperimenti. E anche il rapporto col pubblico è bello, quando hanno le reazioni. Però il raggio d'azione rimane sempre circoscritto e piccolo. Invece col cinema e le serie tv diventa internazionale, diventa grande. Il fatto di poter vedere in tv un film, raccontare e sapere che va in giro per l'Italia, per la Germania, per la Spagna, per il mondo, aiuta a crescere. E se poi quest'esempio diventa sempre più grande, riusciamo a cambiare anche il sistema magari. Non sarebbe male. Se riuscissimo a cambiare il sistema, il cinema sarebbe un grande strumento, poi la televisione e i media sono grandi strumenti.

Fra di noi c'è il pregiudizio tra le persone, le coppie, tra amici. "Che hai detto, che non hai detto, che hai fatto, che non hai fatto, quello sta pensando male, quello sta pensando bene." Gli attori con disabilità invece hanno un'incoscienza diretta. Una cosa la dicono e finisce lì. Ecco il perché della velocità del pensiero. È molto più facile da descrivere. E questo racconta *Ho amici in Paradiso*. Questa differenza che ci può essere, ma alla fine questa bellissima convivenza che c'è. Alla fine loro hanno dato di più agli altri. Io mi sono arricchito, come si sono arricchiti tutti gli attori professionisti. Sono riusciti a crescere, col cuore, ma soprattutto con la testa. Finiscono i pregiudizi. Gli attori con disabilità non hanno i pregiudizi, sono veri, sono naturali. Hanno una velocità d'azione nel sentimento, nel dare, che è diversa dalle persone che sono "normali", anche se non esiste il normale. Finché parliamo di normalità, esiste "l'anormalità". Non bisogna proprio parlarne.

Pensa che ci sia un ambito specifico in cui le università dovrebbero fare ricerca per appoggiare appunto questi progetti o qualcosa nello specifico in cui bisognerebbe ampliare le proprie ricerche accademiche?

Fabrizio Maria Cortese: Io credo che un lavoro che bisogna fare è proprio quello di lavorare sulla tecnica e sull'esperienza del lavoro. È teoricamente importante quello che può accadere, ma dove c'è il set, dove c'è il lavoro reale, dove ci sono gli attori con disabilità. Una ricerca accademica che nasce dall'esperienza del set. Quando i disabili scappano in *Ho amici in Paradiso*, la fuga con la macchina è una sceneggiata, non è una scena vera, loro non guidano. Però gli attori fanno come se fossero professionisti veri e la scena diventa quasi un gioco. Ecco perché, secondo me, a livello scolastico e educativo, pedagogico, universitario, si dovrebbe proprio partire dal set e poi lavorarci lì.

Spain

León y Olvido (2004)/*Olvido y León* (2021), Xavier Bermúdez

Title	*León y Olvido*
Production	Direction: Xavier Bermúdez Script: Xavier Bermúdez Production: Xamalú Filmes, El Paso P.C.
Language	Spanish
Main Casting	Marta Larralde: Olvido Guillem Jiménez: León Gary Piquer: Damián
Film Genre	Drama

Title	*Olvido y León*
Production	Direction: Xavier Bermúdez Script: Xavier Bermúdez Production: Xamalú Filmes, Digital Cine Media
Language	Spanish
Main Casting	Marta Larralde: Olvido Guillem Jiménez: León Monti Castiñeiras: Leonardo
Film Genre	Drama

Synopsis

León y Olvido is a story of twins: León, who has Down syndrome, and his sister Olvido. After the death of their parents, Olvido tries to leave her brother at several care homes for people with disabilities, but León keeps getting expelled due to his behavioural issues. Olvido is forced to be her brother's primary caretaker. Throughout the film, she also tries to kill him. In her first attempt, as they drive back home, Olvido stops the car at a cliff. Olvido requests his brother to pick a flower which grows near the edge of the cliff and offers that they could share the bed at night in return. León almost falls off the cliff, but is rescued by Olvido.

Olvido earns her living by working at a sewing factory. Her brother's presence increases her costs of living as he can neither work nor live autonomously without supervision. Olvido's date with her boyfriend is interrupted by León and this prompts her to abandon him in a deserted area near the highway. The Civil Guards save him and Olvido picks him up at the police station.

León decides he wants to be more independent and decides to go to school. He also visits a classmate, Jonathan, who lives on his own in a shared apartment. He advises León to study seriously at the school and earn his living by working at a fabric factory. León is uncertain about this and Jonathan dies of his injuries from a traffic accident. Olvido loses her job at the factory, is broke and unable to pay even the electricity bills. She decides to run away, but Leon runs after her, shouting and screaming, and brings her back. Olvido prepares a juice laced with drugs potent enough to kill León and tempts him to drink it by promising him an erotic game. The degree of their physical relationship is unclear, but sexual contact is alluded to several times. León drinks the spiked juice but is taken to the hospital and survives.

Olvido starts working at a bridal shop and has an affair with her supervisor, Damián. His wife, Laura, finds out of their affair and offers the job of a prostitute to Olvido. Olvido takes advantage of being unsupervised by Damián at the shop and steals his revolver. León gets to know a girl who works in a flower shop. He follows her around and exposes himself indecently to her in a public area. Olvido is summoned to the police station to pick him up. She organizes a picnic with her brother at the dangerous cliff with the flowers. The twins play an erotic game again. As soon as they are done, Olvido pulls out Damián's revolver and shoots León several times. He survives uninjured as the revolver contained blanks. The movie closes with León and Olvido at their home, where León is still upset over the day's events. He reminds Olvido that their mother often said: "You have to respect the family." He sings a lullaby to his sister and he imitates shooting with the revolver.

Fig. 13a: *León y Olvido* © Xavier Bermúdez

Olvido y León advances the story of León and his sister. The film opens with Olvido's wedding. While at the first glance it may look like León is the groom, Olvido is marrying a man named Leonardo, "Leo". León is allowed to join them on their honeymoon. In the morning, Olvido is naked in her bed and crying. The movie rewinds and establishes them a year back.

Olvido is fighting for her life in the intensive care unit at the hospital. It is established that she frequently tries taking her own life. Her self-harm is suggested to be, among others, the result of the precarious economic situation of the twins. The financial support León receives from an institution for disabled people is too meagre to sustain them and Olvido's attempts to work as an actress fail because of fierce competition, low wages, and the expectation to sell one's body to succeed in the film industry. León and Olvido decide to create time bound goals for themselves. They list out specific tasks that they should complete within two weeks. Leon aims to find a job and a girlfriend and Olvido aims to find a new place to work. Olvido does not get a movie role due to her unwillingness to strip for the producers. León gets turned down by both the girls he was wooing as they learn that he was dating both of them at the same time.

After an unsuccessful day, already depressed León and Olvido meet their landlord Leonardo who mentions that he wants to renovate the flats in the building complex to get higher rent post renovation. He offers Olvido and León a whole year's rent as the pay-out if they move out in the next few months. Olvido resists and Leonardo, infatuated by her looks, proposes his intention to marry her. He is willing to wait as long as it takes for her to make up her mind but is not willing to accept a negative answer. Olvido is uncertain but León thinks the offer is good.

León and Olvido are watching television and Olvido is depressed. León attempts to comfort her but she withdraws and lays listlessly in her bed. The next morning León finds her in the bathtub with cut wrists. León takes very good care of Olvido at the hospital. Leonardo helps them with roses for Olvido and a tablet for León. The social worker at the hospital advises Olvido not bury the drastic action she took but rather openly discuss it with people around her. León takes this advice at the face value and discusses current suicide statistics and reasons for suicide with her. The film returns to the honeymoon.

On their walk, Leonardo and Olvido witness the rescue of a young woman who jumped off a bridge and drowned. Olvido is visibly affected by this scene and walks with León to a nearby park without her husband. At the park, several artists and acrobats including tightrope walkers and roller skaters with wings are performing. Olvido is captivated by their performance. Suddenly, it starts to rain and everyone takes refuge in a tent. A guy starts to play the guitar. Olvido and León look at each other. Olvido smiles.

Fig. 13b: *Olvido y León* © Xavier Bermúdez

Xavier Bermúdez

Xavier Bermúdez was born in Ourense (Galicia, Spain) in 1951. He is known as a writer and a producer of several films notably *Baby* (1997), *León y Olvido* (2004), *Rafael* (2008) and *O ouro do tempo* (The value of time) (2013). He has been felicitated with critical acclaim and awards throughout his career. In his very first film, *Luz Negra* (1992), Mónica Molina was awarded with the Special Jury Award at the International Film Festival of Gijón and a Special Mention at the Alcalá de Henares Film Festival. His film *Raphael* (2008) premiered at several film festivals: Málaga, Montpellier and Fantasporto to name a few. The film *Baby* (1997) was awarded at the Alcalá de Henares Film Festival with the Special Jury Mention and screened at the Mar de Plata's International Festival. *Varna* (2014) won the Special Award at the Festival Love is folly and *Calanda* (2014) won the Best Screenplay Award. In 2014, Regio Fun festival, Katowice, hosted a tribute in recognition of his career.

León y Olvido was the first Spanish full-length film with a main protagonist portrayed by a person with Down syndrome. The film won fourteen awards: the Best Director Award at the Karlovy Vary International Film Festival (2004), as well as at the Ourense International Film Festival, and the Best Script Award at the Festival de Cine Latinoamericano de Toulouse, among others. His latest production *Olvido y León* (2020) is the sequel to *León y Olvido* but was overshadowed by the death of the protagonist Guillem Jiménez who died in February 2021. The film premiered at the 25th Anniversary of Ourense International Film Festival and was released in March 2021. For this film Xavier Bermúdez is nominated for Best Director at the Firenze Film Festival 2022.

Intento trabajar siempre igual con todo tipo de actores y actrices. Respuestas de Xavier Bermúdez

¿En qué producciones cinematográficas ha adquirido experiencia con personas con diversidad funcional/discapacidad cognitiva?

Xavier Bermúdez: Cinematográficas en *León y Olvido* (2004), *Rafael* (2008) y *Olvido y León* (2020). Unos años antes había hecho un reportaje para televisión en una escuela de gente con síndrome de Down.

¿Cómo se hace el reparto de personas con discapacidad cognitiva? ¿Qué formación tienen estas personas?

Xavier Bermúdez: En mi caso no es necesario que tengan una formación previa. Veo antes a bastantes candidatos o veo vídeos suyos, hablo con ellos, incluso paso una jornada con ellos si es para un papel importante, y ahí decido si podrán hacerlo bien como actores en mi película. Es decir, no busco buenas actrices o buenos actores en abstracto, si no que sirvan a lo que yo quiero hacer, a los personajes y situaciones que he comenzado a imaginar. Sí ayuda que puedan memorizar diálogos con una cierta facilidad, en caso de que el personaje tenga mucho diálogo.

¿Quién escribe los guiones? ¿Los actores con discapacidad aportan sus propias ideas al guion o a las escenas filmadas?

Xavier Bermúdez: Los guiones los escribo yo. Pero como con el resto de personajes me baso en observaciones de la realidad. A veces tomo cosas de la gente a la que observo o conozco, tengan o no alguna discapacidad, y las integro en los guiones. Desde niño he tenido relación con personas con síndrome de Down, concretamente con un vecino algo mayor que yo. Con los actores, tengan o no alguna diversidad funcional, siempre pruebas cosas y siempre aportan, pero no participan en mi caso en la escritura del guion. De todos aprovechas lo que consideras es más útil, más expresivo para los personajes, para la película.

¿Las personas con discapacidad cognitiva requieren un trabajo diferente? ¿Hay que trabajar de otro modo, por ejemplo, repetir las escenas más a menudo? ¿Cómo aprenden las personas con discapacidad cognitiva sus líneas?

Xavier Bermúdez: Algunos tienen capacidad para memorizar. Guillem en *León y Olvido* se sabía cada día los diálogos que había que decir. Podía tener algún problema si cambiaba alguno; pero respondía muy bien. Intento trabajar siempre igual con todo tipo de actores y actrices. Es decir, estoy atento a lo que me puedan dar y a lo que pueden necesitar para estar mejor. En este sentido los trato a todos por igual. Pero también es cierto que no todas las personas son iguales, ni las que no tienen discapacidad ni las que la tienen. Atiendes a la persona concreta que tienes delante e intentas motivarla, sacarle lo mejor, según tu propia intuición o capacidad.

A veces les cambio algún diálogo porque me parece que les va mejor decirlo así o porque considero que así mejoro el diálogo. Trabajando con un actor con síndrome de Down, JV, se puso a llorar cuando le reduje el diálogo. Decía que le estaba fallando a todo el colectivo con síndrome de Down. No era así, simplemente a mí me pareció que de ese modo mejoraba la escena y creo que le convencí, pues le señalé ejemplos en los que lo había hecho con otros actores. Le puedo cambiar acciones o diálogos a cualquiera. Siempre pensando en que la película quede mejor.

¿Cómo cambian los actores con discapacidad cognitiva la forma de trabajar juntos en el plató?

Xavier Bermúdez: Como ya sugería no hay una norma general. Como el resto de personas unos se lo toman más en serio que otros, o tienen más gracia y recursos que otros. Pero sí es cierto que los que yo he conocido entre ellos se ayudan mucho. Esto no es novedad, porque los actores y actrices con los que he trabajado a lo largo de muchos años siempre suelen apoyarse; aunque haya excepciones. Pero, por ejemplo, la gente con síndrome de Down que he conocido tiende a apoyarse mucho entre sí, aunque ha habido algún gamberro que prefería hacer bromas. Se dejan corregir enseguida; una vez más: como tantos actores.

¿Qué es lo que más le ha sorprendido al trabajar con personas con discapacidad cognitiva? ¿Dónde se han cumplido (o no) sus expectativas (positivas o negativas)?

Xavier Bermúdez: Las expectativas han sido ampliamente superadas. Recuerdo que en la primera película me pronosticaban que iba a ser un fracaso esa experiencia. Fue la primera película en España con un protagonista con el síndrome de Down. En Europa creo que solamente se había hecho una. Pero yo tenía mucha confianza. Lo que más te sorprende, aunque te hayan avisado o lo sepas por tu experiencia, es la cantidad de afecto que despliegan. Ellos son muy afectuosos y te destapan o despiertan a ti tus afectos. En *León y Olvido* acabé emocionalmente agotado.

A veces te sorprenden con una lógica aplastante. En una escena Guillem Jiménez (León) tenía que estar en la bañera con Marta Larralde (Olvido). Acabamos todos un poco nerviosos, porque había algo que no me gustaba como estaba quedando. Hablé aparte con Guillem y le dije que tenía que ser una escena muy tranquila, apacible, hacer como que hacían eso muchas veces León y su hermana. "Lo entiendo Xavier, me dijo, pero tú tienes que entender que ella en realidad no es mi hermana..."

Siempre digo que los actores y actrices son parte importante del natural con el que un director trabaja. Un buen pintor realista no intenta imponer a un atardecer o un río una naturalidad distinta de la que tienen, aunque los vea de una forma diferente a como los vemos los demás, juega con esa naturalidad para expresar algo.

¿Qué opina del hecho de que algunos espectadores crean que las personas con discapacidad cognitiva sólo pueden interpretarse a sí mismas y que no entienden a qué juegan? ¿Tiene alguna experiencia especial con las reacciones del público?

Xavier Bermúdez: No le doy mayor importancia. Normalmente cualquier persona puede jugar a hacer como que es otra. ¿Entienden todo el alcance del juego? ¿Y quién lo entiende? Yo desde luego no. El misterio es consustancial al arte.

¿Las personas con discapacidad cognitiva desarrollan su potencial interpretativo más en contextos cómicos o más en contextos trágicos?

Xavier Bermúdez: No hay una regla. La tendencia dominante es a hacerlos cómicos. Porque tienen mucha gracia y por ciertas torpezas. Pero pueden ser cómicos y trágicos. A mí me seduce especialmente la tragicomedia y como al resto de actores los utilizo de los dos modos.

¿Qué es para usted el "cine inclusivo"? ¿Cómo se realiza en España?

Xavier Bermúdez: No me preocuparon nunca este tipo de etiquetas o corrientes. Hago lo que hago por sentimiento. El cineasta debe actuar libre de ideas exteriores para exponer aquello que siente que debe exponer. Sí me preocupa que todas las personas tengan acceso al cine. En España ahora prácticamente todas las películas en TV tienen subtítulos para sordos. Hay festivales de cine inclusivo, en el de Vigo hace poco nos hicieron un reconocimiento por nuestras películas. Pero si el cine se hiciese fuera de los estándares que vienen imponiendo las corporaciones televisivas y las grandes plataformas de internet, sería enormemente plural y sería por lo tanto inclusivo. Me preocupa más que se haga cine excluyente, cine que demoniza o menosprecia a determinados colectivos.

¿Sobre qué le gustaría que nosotros investigáramos?

Xavier Bermúdez: Sobre las posibles bondades para la gente de un cine (de un arte) libre de estereotipos, libre de la obligación de moralizar y respaldar consignas. Un cine (y un arte) que, como el viejo carnaval, solamente transmita inteligencia sensitiva, es decir, placer y crítica. Sin dar respuestas.

Yo, también (2009), Antonio Naharro/ Álvaro Pastor

Production	Direction: Antonio Naharro, Álvaro Pastor Production: Alicia Produce, Promico Imagen
Language	Spanish
Casting	Pablo Pineda: Daniel Lola Dueñas: Laura Valiente Antonio Naharro: Santi María Bravo: Reyes Lourdes Naharro: Luisa Daniel Parejo: Pedro
Film Genre	Romance, Drama

Synopsis

Daniel is 34 years old, living in Sevilla. He has Down syndrome and advocates for meaningful employment opportunities for people with disabilities. He leads a good life and maintains a harmonious relationship with his parents and brother. After completing his degree in education and psychopedagogy, he starts working at the General Directorate of Personnel with Disability, where he is welcomed as an esteemed colleague.

At the office, he meets Laura, who is 46 years old. Far from being a typical diligent and organized social service worker, she comes in late and her attitude does not sit well with her colleagues. Her broken family and sexual proclivity earn her snide remarks from her co-workers. Daniel is immediately attracted to her. He takes every opportunity he gets to talk to her and quickly becomes her best friend. They have lunch together every day and as their friendship grows, they start seeing each other outside of work. They go to the beach together, where Daniel understands that he cannot keep his feelings hidden any longer. He wants romance in his life just like everyone else.

Daniel's brother is married and expecting his first child with his wife. His wife and he run a dance studio that offers classes to people with disabilities. Two students at the studio fall in love and in the face of their family's opposition to their relationship, run off to marry. Daniel and Laura support the couple.

Meanwhile, Laura is reluctant to admit to herself that she has romantic feelings towards Daniel too. Their friendship develops undertones of flirting and everyone around Daniel starts worrying of their developing relationship. One night, at an office party, Laura is tipsy and Daniel and she dance together. He tries to kiss her but she rejects him. Out of frustration, he goes to a strip club but he is not let in. He heads to his brother's house, where he is advised to let Laura go.

The next day at work, he acts cold towards her and his behaviour bewilders Laura. She asks Daniel if they could still be friends. They grow closer with each passing day. She stops dying her hair as suggested by him, and she confides in him of her family issues when she receives the call that her father is on his deathbed and she has to go to Madrid to visit him.

Meeting her family is painful for her because she is not able to reconcile with her brothers. Her father's apology through her sister-in-law offers her some closure. Daniel visits her for New Year's Eve. In the square, during the midnight celebrations, Laura kisses him. That night, they go to a hotel room together with the intention of having sex. She tells him that she loves him, but that they could not be together for more than that one night. He agrees and what he had dreamed for so long, finally happens.

Fig. 14: *Yo, también*, 2009 (Screenshot)

Antonio Naharro

Antonio Naharro was born in Albacete in 1968. He studied acting at the International Studio Juan Carlos Corazza in Madrid and attended several International

Master classes taught by Bernard Hiller. He has appeared as an actor in several Spanish productions for cinema, TV, and theatre. His first experience as a film director materialised in 2002 with the short film *Uno más, uno menos*, co-directed with Álvaro Pastor, who would go on to work with Naharro as a collaborator in the production and writing of most of his audiovisual works. *Uno más, uno menos* is a fiction film revolving around Ana (Ana García), a journalist that decides to make a documentary about Lourdes (Lourdes Naharro), a young girl with Down syndrome. This short film won numerous international awards and was also nominated in the Goya Awards (2002) in the category Best Short Film.

In 2005, Naharro wrote the script for *Invulnerable* (2005), a short film directed by Álvaro Pastor. It also was nationally and internationally recognized, and won awards at the film festivals in Alcalá de Henares, Brest, and Brussels. In 2009, Naharro and Pastor released the film *Yo, también*. The script of this film was based on the life of Pablo Pineda, the first Spanish person with Down syndrome in Europe to obtain a degree. The directors explored casting other actors to play the role of Daniel, but in the end, they decided that cast Pineda himself as the protagonist of their film, and he accepted. *Yo, también* obtained great recognition in Spanish film festivals and in other international festivals such as the Rotterdam Film Festival. At the San Sebastian Film Festival (2009), Pablo Pineda won the Concha de Plata Award in the Best Actor category, and Lola Dueñas won the Concha de Plata Award for Best Actress. In 2010, *Yo, también* received four nominations in the Goya Awards, and the film ended up winning two awards: the Best Actress Award for Lola Dueñas and the Best Original Song. Pineda was nominated for Best Debutant Actor. The last audiovisual work of Naharro was the film *Amén* (2016).

Trabajo con mucha libertad con los actores. Entrevista con Antonio Naharro (19 de mayo de 2022)

***Yo, también* ¿es la única producción con personas con discapacidad mental que ha realizado o tiene más relaciones con este tema?**

Antonio Naharro: El primer cortometraje que hice fue en el año 2001, se llama *Uno más, uno menos* y se puede ver en YouTube https://www.youtube.com/watch?v=Z3KrGvMiHaY. Es un film inspirado en mi hermana Lourdes, pero era una especie de falso documental. No era su vida exactamente. Mezclamos la realidad de las personas con una ficción, para contar algo muy concreto a nivel cinematográfico. Digamos que es una ficción con lenguaje de documental. Esto fue lo primero que hice. El corto ganó premios y estuvo nominado a los Goya en el 2003. Cuando hicimos *Uno más, uno menos*, vimos que se podían contar muchísimas más cosas. En ese momento yo vivía en Sevilla y trabajaba con una compañía de danza profesional de personas con discapacidad, formándome como monitor de psicodanza para discapacitados psíquicos. La compañía se llama Danza Mobile y un día le dije a mi socio, Álvaro [Pastor] que tenía que conocer a los chicos porque eran muy inspiradores. Justo estando allí, conocemos a Pablo Pineda por un documental que emitían en TVE. Yo nunca había visto a una persona con síndrome de Down explicarse como Pablo. Explicarse tan bien. Era como escuchar a mi propia hermana hablar de sus sentimientos explicados por otra persona con síndrome de Down. Me pareció impresionante.

Decidimos que había que hacer algo con Pablo. Era tan generoso con su vida en el documental que en seguida se nos ocurrió una película. Detrás de la historia podíamos ver algo que nos unía a todos, algo que no solo era para discapacitados. Lo que le pasaba a él era una vía rápida para contar algo muy concreto acerca de la soledad, el sentirse diferente, etcétera. Y nos pusimos a trabajar en ese guion sin conocerlo de nada.

Mezclamos el guion con Danza Mobile y con mi hermana que ya tenía experiencia de rodar con nosotros en *Uno más uno menos* e hicimos un universo alrededor de ellos. Fuimos a conocer a Pablo, por supuesto sin decirle que habíamos pensado en él para hacer la película. Él no sabía nada de esto. Quedamos con él, se leyó el guion y le gustó. Al principio simplemente le pedimos un asesoramiento de guion y cuando vimos que le gustaba, le ofrecimos el protagonista, siempre y cuando hiciera una prueba. Porque necesitábamos saber si realmente podía tocar su drama personal y a la vez soltarla.

En *Uno más, uno menos* todo es ficción, pero con la espontaneidad de Lourdes, claro. Lourdes es una actriz impresionante porque siempre dice las cosas con verdad. Aparte, como la conozco muy bien, sabía qué preguntas le podíamos hacer. Hice trampas porque sabía lo que a ella le gustaba responder. Sabía que le gustaba mucho Mónica Naranjo. Creamos una ficción con muchas cosas personales que le iban a hacer responder. Pero en realidad eso es lo que espero de cualquier actor. Que saque lo mejor y lo peor de sí mismo, pero con autenticidad.

Venimos de la idea de que todo el mundo tiene su discapacidad. Yo, por ejemplo, tuve una minusvalía cuando era pequeño. Llevaba unos aparatos en las piernas y nunca hablo de eso, siempre hablo de mi hermana, pero en realidad yo también tenía una discapacidad. Sé lo que es andar mal, o no poder caminar, aprendí a dar pasos con hierros en las piernas y con miedo a las operaciones. Estar bien y volver a estar mal para volver a estar bien. Sé lo que es, no tener una vida plena físicamente desde que nací. Yo también me he sentido y me siento discapacitado.

¿Piensa hacer otra película en esta dirección?

Antonio Naharro: Nos gusta tocar los temas incómodos. Hay muchos temas incómodos, desgraciadamente. Lo que nos caracteriza es el enfoque: un enfoque que haga reflexionar o responda a preguntas que quizás nunca nos hubiéramos hecho. Sin embargo, cuando escribo sólo, sin mi socio y amigo Álvaro, me salen historias más surrealistas, pero la comedia siempre está. No podría vivir sin el sentido del humor.

¿Cómo se realizó el casting de los demás personajes?

Antonio Naharro: Lo hicimos nosotros. En aquel momento teníamos criterios diferentes con la figura del director de casting a la hora de escoger un actor. Hoy por hoy trabajaría más estrechamente con el director de casting porque tenemos más experiencia. Pero en aquel momento la presión de un director de casting sólo me alejaba del control de la película que queríamos. Y no estaba para amoldarme a nadie, solo a mi historia. Escogimos también a la gente con discapacidad. Era la gente que ya conocía de Danza Mobile, por supuesto.

¿Los actores tienen una formación profesional de actor de teatro o de cine?

Antonio Naharro: Los chicos de Danza Mobile estaban acostumbrados a los escenarios. Lourdes tenía su experiencia como actriz. Lo que hicimos con Pablo

Pineda era hacerle una prueba. Yo necesitaba saber si tenía la facilidad de poder tocar su drama, su dolor, digamos, y también reírse de sí mismo. Y cuando terminó de hacer la prueba, dije: "Puede hacer esta película perfectamente." Tiene algo común de la gente con síndrome de Down: no tienen las barreras que tenemos los demás actores. Tengo una formación de actor y sé que lo que más nos impide actuar es la educación que hemos tenido. El síndrome de Down, en cambio, tiene una dificultad en absorber esa educación que nosotros absorbemos enseguida, esa norma social y moral, esa absorción de valores les cuesta más. Pero, como premio, son más libres a nivel interno. Pablo se daba esa libertad en cuanto yo le dirigía en lo más mínimo. Confiaba tanto que era un placer trabajar con él. Luego, claro, tiene memoria y se estudiaba todo muy bien. Es un portento. Vamos partiendo de la base de que él es muy especial. Es realmente inteligente. ¿Síndrome de Down superdotado? Es muy posible.

¿Durante el rodaje, aportó algo al guion o a los pensamientos que se expresaron, surgieron ideas nuevas durante el rodaje?

Antonio Naharro: Escribimos un guion "vivo", o sea, nunca está cerrado hasta que no se va a rodar. Ten en cuenta que le pedimos su opinión, porque podría haber matices que se nos podían escapar. Obviamente, si tenemos al protagonista vivo ahí que nos puede aconsejar ¿para qué nos íbamos a empeñar nosotros en hacer otra cosa? Nos gusta contar historias desde la verdad y para nosotros era muy valioso conocer en profundidad a las personas y la realidad que estábamos tratando. No recuerdo bien si hubo cambios sustanciales. Creo que había cosas que adoptamos porque era muy suyo y lo metimos dentro del guion. Cualquier ancla a la realidad, al contacto consigo mismo a la hora de actuar es más fácil para ellos porque no tienen el problema que tenemos los demás de mostrarnos. El secreto del éxito de la actuación de Pablo, creo que fue la valentía de mostrarse entre otras cosas.

Los intérpretes con discapacidad cognitiva: ¿hacen más trabajo que los actores sin discapacidad? ¿Se tiene que repetir más a menudo o aprenden sus líneas como los demás actores?

Antonio Naharro: Hay muchas maneras de trabajar en el cine, tanto con gente con discapacidad como con gente que no la tiene. Hay maneras de trabajar en las que el texto es fundamental y te piden que lo digas todo como está escrito. Hay otros tipos de trabajos que buscan más la verdad de la escena. Y hay otros que buscan las dos cosas, por supuesto. Quiero decir que uno puede lanzarse a dar unas circunstancias, a decir lo que los actores tienen que hacer, a dar ciertas pautas de diálogo. Pero que lo digan siempre guiados por lo que está ocurriendo, por la verdad creada en el momento. Porque la escena es lo que está ocurriendo, no es el texto realmente. No pasa nada si no dicen el texto exacto con tal de que ocurra en la escena lo que quiero. Trabajo con mucha libertad con los actores. Les digo concretamente lo que tiene que pasar y ellos lo hacen. En realidad, es muy fácil trabajar con ellos, pero tienes que ser muy claro con lo que quieres. No es una libertad sin directrices.

¿Tuvieron que doblar algunas escenas, por ejemplo, porque la pronunciación no fue lo bastante clara?

Antonio Naharro: Buscamos siempre el momento donde mejor se entiende. No doblamos porque a veces se entiende más sin que se entienda exactamente lo que el personaje está diciendo y se entiende menos cuando el personaje dice bien la palabra, pero no ocurre nada. A no ser que sea una información que el público deba saber. A lo mejor se te pasa alguna palabra, pero prefiero que se entienda genuinamente la verdad de las escenas que ver a alguien acartonado diciendo bien el texto. No me gusta eso.

¿Qué es lo que más le ha sorprendido en la cooperación? ¿Hay algo que lo ha sorprendido particularmente?

Antonio Naharro: Los actores con síndrome de Down tienen facilidad para actuar y no se enganchan a las emociones. Hay una anécdota con mi hermana. En una escena tenía que enfrentarse a su madre para decirle que era mayor, que ya no era una niña. Yo tenía grandes dudas y miedo de dirigir esto porque mi madre murió hace mucho tiempo, mi padre también, y yo tenía miedo de removerle demasiadas cosas. Igual con otra persona no me hubiese atrevido. A lo mejor me atreví precisamente porque quedaba entre hermanos. Pero la escena era muy arriesgada. Y yo me decía a mí mismo… – vamos a ver, si es actriz y está aquí, voy a trabajar como lo haría con cualquiera. Pero me estaba preguntando si era ético porque yo también tenía que lidiar con la sobreprotección hacia mi propia hermana. Al final me convencí, tiene veintitantos años y es actriz. Así que a por ello. Ella se metió realmente bien. Acabó llorando y todo el mundo estaba preocupadísimo porque ella estaba llorando de verdad. Y cuando dije "Corten", ella dejó de llorar y me dijo: "Ya está." Ella no estaba fingiendo, estaba viviéndolo. Es lo que tiene que hacer un actor.

Muchas personas creen que los actores con discapacidad cognitiva no saben interpretar a un personaje. Solo saben interpretar a sí mismos y que en el fondo no entienden lo que están interpretando. ¿Qué piensa acerca de esto?

Antonio Naharro: Pablo Pineda sabía perfectamente que estaba interpretando. Sabía que se estaba utilizando y poniendo al servicio de lo que estaba interpretando. Y además hacía un personaje.

En el caso de mi hermana también. Son diferentes. Mi hermana es muy graciosa e inteligente, pero no tiene la facilidad de palabra que tiene Pablo, ni nada por el estilo. Pero ella entiende perfectamente lo que está haciendo. Es muy aventurado afirmar que ella simplemente está allí y ya. Que ella no explique su personaje con palabras, no significa que no sepa lo que está haciendo. Si coges a un actor con síndrome de Down o con otra discapacidad cognitiva y le obligas a decir algo que no siente, simplemente es un actor mal dirigido.

He visto películas en las que los actores se esfuerzan mucho en que se les entienda. En estos casos te diría que saben lo que están haciendo, pero no lo están interpretando con verdad. Pero cuando el actor siente y dice lo que tiene que decir, se le entiendan las palabras o no, está interpretando y sabe lo que está haciendo perfectamente. Otra cosa es que no tenga el entrenamiento ni la habilidad de hablar de su trabajo. Pero eso no quiere decir que las personas con discapacidad cognitiva no se enteren de lo que hacen. No lo creo para nada.

¿Hubo algunas reacciones de los espectadores de *Yo, también* que lo sorprendieron?

Antonio Naharro: La película gustó en todas partes donde estuvimos. Estuvo en el festival de Sundance. Tuvimos el premio del público en el Festival Internacional de Rotterdam. A la gente que incluso la ha visto con pereza, le acaba gustando. La gente iba a ver la película con un poco de miedo porque se esperaban un drama. Luego se encontraba con una película con sentido del humor, mucha luz y alegría, que resuelve y cuenta. Gustó incluso a los familiares de personas Down que son los más críticos.

La sexualidad en este contexto levanta heridas. Es un tema que te enfrenta con la propia sexualidad. Si tú eres tutor de alguien, la persona con discapacidad va a llegar hasta donde tú estés con ese tema. Si yo no soy libre con mi sexualidad, no voy a dejar que lo sea nadie que esté a mi cargo. La sexualidad de la gente con síndrome de Down perturba mucho. En general perturba por lo abiertos que son con eso, porque realmente lo son. Es un dolor de cabeza para padres y tutores. Si el cine es resonancia de la realidad, es normal que se plantee el tema de la sexualidad. En *Yo también* obviamente se reivindica la sexualidad de las personas con discapacidad.

Pero la historia va más allá. La soledad de Pablo es dura porque está en un lugar donde no es ni discapacitado ni normal. Es un puente donde todos se pueden sentir identificados. Porque ¿quién no se ha sentido solo por diferente?

Investigamos bastante. En *Uno más, uno menos* investigamos bastante sobre el tema con la Fundación Síndrome de Down de Madrid. Y nos contaron historias de personas que tartamudeaban mucho y que en cuanto hicieron el amor por primera vez dejaron de tartamudear. Al final la energía sexual es una fuerza que tiene que ver con nosotros y nos ayuda a estar en la vida con presencia.

A mí me resultó especialmente sorprendente la escena de sexo entre una persona con síndrome de Down y otra sin discapacidad. Me parece una escena atrevida.

Antonio Naharro: Esta escena es una imagen tabú que finalmente el público aceptó gracias a que pudo conocer la particularidad del personaje. Es un viaje en la película que hasta Laura, la protagonista, tiene que hacer. Porque ella tampoco prevé la imagen final. Y para él es simplemente un sueño hecho realidad. Consiguió el deseo. Ahí hicimos un poquito de magia escribiendo un guion que funcione y hacerlo realidad. No hicimos otra cosa que nuestro trabajo.

Pero sin final feliz.

Antonio Naharro: Para mí, el final de la película es como una luz de integración. No queríamos darla por sentado, contar una historia en la que una persona con síndrome de Down se casa con alguien que no lo es. Porque hasta nosotros mismos, hasta yo mismo, lo dudo. Yo no quería pasarme de fantasioso. A mí también me incomoda hablar de la sexualidad con la discapacidad.

Pero como tengo tan claro que mi trabajo no es para estar cómodo, sino para incomodarme a mí mismo, pues no me importa. No solo está él. También está el personaje de Laura (Lola Dueñas), con una dificultad, con un trauma. Si no hubiese sido por ese trauma, su relación con Daniel no hubiese ocurrido. Se juega también a que las relaciones son bidireccionales. También está la otra persona y la otra persona también tiene derecho a decir que no. Intentábamos huir del paternalismo. Creo que el final realmente es un lugar donde la honestidad se da. Para mí eso ya es un buen final. Un final feliz realmente.

¿Cree que las personas con discapacidad cognitiva se prestan más a comedias o a tragedias? ¿Es mejor tratar el tema de la discapacidad en clave cómica o trágica?

Antonio Naharro: La discapacidad tiene mucha comedia y tiene mucho drama. Nunca me habían hecho esta pregunta y realmente creo que con la discapacidad todo se amplifica. Porque los "normales" estamos tan construidos mentalmente que nos impide ser. Lo que transmite una persona con discapacidad siempre es directo. Creo que están energéticamente más en contacto consigo mismos sin la tiranía del cerebro, que es lo que nos vuelve locos a los demás. Creo que esto tiene algo que ver. Una persona con discapacidad está más con su cuerpo, sea éste como sea. Si tiene hambre, tiene hambre, si tiene frío, tiene frío. Si tiene calor, tiene calor. Si tiene ganas de sexo, tiene ganas de sexo. No están todo el tiempo con su cerebro: "No debería de sentir esto o lo otro para ser aceptado o provechoso de esta sociedad o para ser alguien importante."

Cuando colocas a alguien con discapacidad en un guion hay gente que se incomoda: "Ya nos van a tocar la fibra sensible. Pero nos toca la fibra sensible porque nos están poniendo a alguien vulnerable delante y no quiero verlo. No me gusta que me recuerden que soy vulnerable. O sea, me están poniendo a alguien que me toca el corazón y a mí no me gusta que me toquen el corazón." Por eso es conveniente contarlo en tono de comedia.

Me llama la atención que hay público que le incomoda la verdad, prefieren cosas falsas, tipo películas de acción o películas que hablan de emociones falsas. Cuanto más falso, mejor. Me resulta curioso que nos de pereza ver la batalla que supone para un discapacitado conseguir algo vital y sin embargo nos encante ver morir a millones de personas por unos alienígenas pasando por todo tipo de catástrofes. Los seres humanos somos pura comedia.

¿Cree que se está desarrollando algo como un cine inclusivo?

Antonio Naharro: Yo creo que sí. Se están incluyendo personajes con síndrome de Down, por ejemplo, en series de televisión, cosa que agradezco mucho. Me gusta ver eso y además sin que la temática sea sobre discapacidad. Incluso en publicidad. De pronto bebés y niños con síndrome de Down están entre otros bebés. Eso es importante. Se empieza a ver, pero creo que debería de verse mucho más.

Nos da miedo tener un hijo o un familiar con síndrome de Down y lo entiendo, pero también me da pena. Hace cuarenta años, era un estigma tener a un familiar con síndrome de Down. En realidad, todavía sigue siéndolo. Es una pena porque la gente se pierde mucho. No es una enfermedad, es una alteración genética y pienso que está por algo. Pienso que si existen las personas con síndrome de Down, es para algo. El mensaje es claro y obvio para mí. A ellos no se les olvida que son humanos. A nosotros sí. Me da mucha pena que esté prohibido abortar a no ser que vayas a tener un niño con síndrome de Down. Uno de los motivos por los que yo empecé a hacer estas películas fue esa idea. Me enfadaba mucho la postura de las políticas de derechas: "¡No al aborto!" – tajantemente – "…a no ser que el feto venga con síndrome de Down." Esto me indignaba muchísimo. No sólo me parecía feo, me parece que están perdidos. Si tienes la superioridad moral de decir que el aborto es un asesinato, deberías de pensar por qué abortar a un bebé con síndrome de Down no lo es.

¿Se le ocurre algo sobre lo que deberíamos investigar nosotros? ¿Una cosa sobre la que le gustaría saber más?

Antonio Naharro: Para mí, la cuestión del derecho a la vida de las personas con síndrome de Down es muy importante. Se les debe el derecho a vivir porque no lo tienen, desgraciadamente. Aún respecto a mi hermana, tengo problemas con mis propios hermanos para que la vean como a una persona adulta. Es una lucha. Y eso que he hecho la película con ella. No tienen derecho a vivir ni a ser adultos. Y encima son susceptibles de ser abortados por ser síndrome de Down. Para mí es más polémico que la eutanasia. En la eutanasia tú decides morir. Sin embargo, pregunta a una persona con Down si quiere vivir o morir, a ver qué te dice.

Hay otra cosa importante que no se ha investigado: ¿Por qué están aquí? Está claro que hay algo que ellos saben hacer mejor que nosotros. Todavía no nos hemos enterado de la manera de poder utilizar sus virtudes dentro de esta sociedad. Queremos que sean como nosotros. Pero no son como nosotros. Hay toda una estructura para que ellos absorban la mierda que nosotros hemos absorbido. Ellos podrían aportar mucho más. Serían muy útiles. Lo que pasa es que nadie ha dicho: "Estas personas sirven para esto o para esto otro." Sólo les entrenamos para que sean como nosotros. Ni siquiera hace falta ser tan inteligente como Pablo Pineda. Los avances son buenos, la estimulación precoz, todo esto son buenas cosas, pero siempre dirigidos a que se conviertan en nosotros. Y no sé si eso es lo mejor porque nosotros no lo estamos haciendo muy bien.

El arte puede ser una buena propaganda. Pero alguien tiene que hacer algo político. Que no sé si lo veré, desgraciadamente. Igual que hay partidos animalistas, un partido político Down nos vendría bien a todos.

Epilog: Kommunikationsräume für Menschen mit „geistiger" Behinderung in Theater und Film

Susanne Hartwig (Universität Passau)

Bis in die 1990er Jahre wurden Menschen mit Behinderung auf der Bühne und im Spielfilm in der Regel von nichtbehinderten Schauspieler:innen gespielt – oft gab es für solche Rollen sogar renommierte Preise.[5] Seit dem Ende des 20. Jahrhunderts hingegen sieht man in tragenden Rollen immer häufiger auch Schauspieler:innen mit Behinderung, davon einige wenige mit „geistiger" Behinderung.[6] Theateraufführungen und Filme, in denen letztere auftreten (meist handelt es sich um das Down-Syndrom),[7] zeigen häufig Erzählmuster des klassischen Dramas bzw. des Mainstream-Films: Ein Protagonist versucht über mehrere Handlungsphasen hinweg, ein klar definiertes Ziel zu erreichen, und überwindet dabei Hindernisse, die nicht immer etwas mit seiner Behinderung zu tun haben; am Ende erfolgt eine eindeutige Auflösung des Konflikts.[8] Darüber hinaus sind Menschen mit „geistiger" Behinderung auch im experimentellen (Improvisations-)Theater ebenso wie im Independent-, Arthouse-, Autoren- oder Kunstfilm zu sehen, der den typischen Erzählmustern nicht folgt. Eine breite Forschung gibt es dazu nicht, denn in den Disability Studies und den von ihnen beeinflussten Film- und Theaterwissenschaften stehen andere Arten von Behinderung im Zentrum des Interesses.

Theater und Film haben verschiedene Möglichkeiten, stereotype Vorstellungsbilder von „geistiger" Behinderung aus der alltäglichen Lebenswelt zu bestätigen oder neue Vorstellungsbilder zu erschaffen. Insgesamt kann der Film seine Welt und seine Protagonist:innen freier gestalten als das Theater. Szenen können wiederholt, Längen, Unsicherheiten und Pannen durch Schnitt und Montage integriert oder getilgt werden, während im Theater die physische

5 Vgl. zu Spielfilm und Behinderung Tschilschke 2020.

6 Wie im ersten Band setzen wir auch hier das Wort *geistig* in Anführungszeichen. Dies soll anzeigen, dass die Bezeichnung *geistige Behinderung* zwar geläufig, jedoch aus verschiedenen Gründen – u.a. wegen ihrer stigmatisierenden Wirkung – abzulehnen ist. Vgl. dazu auch Musenberg 2020: 201.

7 Diese Schauspieler:innen bilden nur ein kleines Segment der Bandbreite von „geistiger" Behinderung ab und sind selbst oft überdurchschnittlich kognitiv begabt.

8 Vgl. zu diesem Erzählmuster im Film Lahn/Meister 2016: 280.

Präsenz der Körper und die Spontaneität der Individuen jederzeit die sorgfältige Inszenierung durchkreuzen können. Das wiederum bedeutet, dass der Filmregisseur/die Filmregisseurin die Besonderheiten im Verhalten und in der Kommunikation der Menschen mit „geistiger" Behinderung nicht so genau studieren muss, um sie künstlerisch optimal einzusetzen, wie sein Kollege/seine Kollegin vom Theater (auch wenn Filmregisseur:innen dies in der Regel trotzdem tun). Auch die Filmpartner:innen arbeiten in der Regel nicht über einen längeren Zeitraum so intensiv mit Menschen mit „geistiger" Behinderung zusammen, wie dies im Theaterensemble der Fall ist. Filmszenen werden sehr häufig nicht chronologisch abgedreht und nicht immer sind alle Mitspieler:innen am Set; so kommt vor allem der Regisseur/die Regisseurin mit den Menschen mit Behinderung in Kontakt, nicht aber zwingend jede andere Person, die am Film mitwirkt. Hinzu kommt, dass oft nur eine einzige Person mit „geistiger" Behinderung eine tragende Rolle in einem Film spielt, so dass sie ein Außenseiter bleibt, Privilegien genießt oder auf eine andere Weise eine („exotische") Sonderrolle einnimmt. Für Nebenrollen gilt dies umso mehr.

Alle Texte und Bewegungsabläufe einer Theateraufführung müssen über einen langen Zeitraum reproduzierbar sein und im Zusammenspiel exakt funktionieren, so dass die Probenphase auf ein langfristiges Memorieren ausgerichtet ist. Die Arbeit mit Körper und Stimme muss bei den Proben intensiv und passgenau auf Menschen mit „geistiger" Behinderung zugeschnitten sein, damit Fertigkeiten dauerhaft erworben und während der realen Aufführung verlässlich abgerufen werden können. Texte und Bewegungen müssen prinzipiell auch von Menschen mit ungewöhnlichen kognitiven Kompetenzen reproduzierbar sein. Am Filmset hingegen überwiegen die Personen ohne Behinderung und dominieren die Art und Weise der gemeinsamen Arbeit. Die Vorbereitung der Szenen und der eigentliche Prozess des Filmens sind zudem in der Regel kürzer als die Theaterproben mit den anschließenden (oft zahlreichen) Aufführungen, weil jeder Produktionstag eines Filmes sehr teuer ist. Menschen mit „geistiger" Behinderung können aus diesem Grund sogar eher als Störfaktor für den reibungslosen Ablauf der Produktion angesehen werden, etwa wenn sie mehr Zeit für die Vorbereitung benötigen.

Aufgrund dieser Umstände bildet sich ein viel schwächeres „inklusives Gruppengefühl" am Set als im Theater aus, wo ein Team zur „verschworenen Gemeinschaft" werden kann. Das hat auch Auswirkungen darauf, wie stark sich die Persönlichkeit der Menschen mit „geistiger" Behinderung im fertigen Werk niederschlägt. Die feste Zusammenarbeit in einem Theaterensemble führt dazu, dass sich Menschen mit Behinderung und ohne über längere

Zeit gegenseitig beeinflussen. Die Chance ist dadurch größer, dass beispielsweise über Improvisationen mehr Eingaben von den Menschen mit „geistiger" Behinderung in das fertige Werk gelangen.[9] Der Film unterscheidet sich zudem fundamental von der Theateraufführung durch seine Postproduktionsphase (Schnitt, Montage, Bild-Ton-Kombination) und die multiple Autorschaft: Drehbuchschreiber, Regisseur und Cutter bringen ihre Handschrift in das fertige Werk ein. Da in der Postproduktionsphase nahezu ausschließlich Menschen ohne „geistige" Behinderung tätig sind, haben sie einen größeren Einfluss als die Darsteller:innen mit Behinderung auf die Entscheidung, was letztlich in den Film aufgenommen und was aussortiert wird.

Auch die technische Seite prägt das fertige Werk entscheidend mit. Die Filmkamera lenkt den Blick der Zuschauer:innen auf den Raum, die Figuren und die Handlung sehr viel stärker als Theatermittel dies z.B. durch Licht- und Farbwahl oder die Bühnengestaltung können. Die Kamera kann Details näherbringen, auch Details des Körpers, der oft ungewöhnlich aussieht oder sich ungewöhnlich bewegt, während das Gefühl der Nähe im Theater eine Frage des (fixen) Sitzplatzes ist, den ein Zuschauer in der Regel über die gesamte Dauer der Vorstellung hinweg einnimmt. Die Kamera kann den Abstand zu den Schauspieler:innen variieren und mit Nähe Empathie, mit Distanz Abgrenzung suggerieren, während der Blick des Theaterzuschauers auf die Bühne mit seiner Sitzplatzwahl – bis auf wenige Ausnahmen z.B. im experimentellen Theater – festgelegt ist.

Kamera und Ton können eine lebensweltliche Wahrnehmung täuschend echt imitieren. Es ist ihnen möglich, die Illusion von Realität zu erzeugen und die Zuschauer:innen komplett in die fiktionale Welt hineinzuziehen. Außerdem können sie die unterschiedlichen Sichtweisen von Menschen mit Behinderung und ohne imitieren. An das Gefühl der Immersion in einen Film kann das Theater meist nicht heranreichen.[10] Im Film hingegen kann die Wahrnehmung der Zuschauer:innen mit der optischen und akustischen subjektiven Perspektive der Figuren deckungsgleich werden (z.B. in der Point-of-view-Montage oder dem *point/object shot*),[11] während im Theater in der Regel nur „eine sinnlich-anschauliche, aber unbewegliche Außensicht auf die Figuren" (Lahn/Meister

9 Vgl. dazu und zu weiteren Kompetenzerweiterungen, die die Schauspieler:innen durch die gemeinsame Theaterarbeit erfahren, Theater Thikwa/Lohrenscheit 2018: 34–35.

10 Zu drei Konzepten des immersiven Erlebens, Flow, Transportation/Narratives Erleben und Präsenz, vgl. Bilandzic 2014.

11 Vgl. dazu Lahn/Meister 2016: 277–278.

2016: 277) möglich ist (es sei denn, das Theater arbeitet mit der Visualisierung mehrerer Fiktionsebenen oder eben mit eingespielten Kurzfilmen). Zuschauer:innen haben im Theater für gewöhnlich eine einzige Perspektive, im Film hingegen so viele, wie die Kamera will, die allerdings dann auch enger vorschreibt, was überhaupt sichtbar wird.

Theater und Film müssen entscheiden, was sichtbar werden und was unsichtbar bleiben kann, was beispielsweise zur Folge hat, dass ungelenke Bewegungen oder Sprachfindungsprobleme pointiert oder kaschiert bzw. dass den Figuren ein schnelles Reaktionsvermögen, Wortwitz oder Schlagfertigkeit verliehen werden kann. Dabei hat der Film mehr Möglichkeiten, als das Theater Menschen mit „geistiger" Behinderung fast beliebig zu „normalisieren", d.h. den Anschein zu erwecken, dass keine Behinderung vorliegt. Kamerabewegung und Schnitt können z.B. Bewegungen so modifizieren, dass sie viel schneller oder viel komplexer wirken, als sie in der Realität durchgeführt wurden. Die Kamera kann präzise kontrollieren, welcher Teil des Körpers und der Umgebung gezeigt wird. Durch Schnitt und Montage, durch Bildkomposition, Kadrage, Ton und Farbe kann sie Abweichungen an Normalitätsvorstellungen anpassen. Zudem gibt es Möglichkeiten, mit Trickaufnahmen zu arbeiten, die Fähigkeiten vortäuschen, über die der echte Schauspieler/die echte Schauspielerin nicht verfügt.

Im Gegenzug sind die Körper im Theater real, so dass eine Interaktion zwischen Bühne und Publikum möglich wird, welche die gleichzeitige körperliche Präsenz von Darsteller:innen und Zuschauer:innen voraussetzt. Der unmittelbare Austausch zwischen Schauspieler:innen und Publikum im *hic et nunc* erzeugt für jede einzelne Aufführung eine nicht reproduzierbare Eigengesetzlichkeit, die die Begegnung zu einem Ereignis macht. Was der Mensch mit Behinderung in Jetztzeit sichtbar macht, ist sichtbar und kann nicht nachträglich retuschiert werden, was im Gegensatz steht zu den vielfältigen Kontrollmöglichkeiten im Film. Deshalb kann sich der Film näher an Tabuthemen wie das Lachen über Abweichungen, Nacktheit oder Sexualität heranwagen: Er konfrontiert den Zuschauer und die Zuschauerin schließlich nicht in einem realen *hic et nunc* damit und behält die Kontrolle über die Darstellung.

Der Film kann starke Momente festhalten und immer wieder reproduzieren. Das Theater hingegen ist flüchtig. Die Darsteller:innen können an manchen Tagen unter ihren eigenen Möglichkeiten bleiben oder nach längeren Probenpausen Texte und Bewegungsabläufe vergessen. Auf der Bühne sind stets Überraschungen möglich, Pannen und Versprecher können nicht ausgeschlossen werden, so dass das Theater immer ein größeres Risiko eingeht als der Film, ästhetisch zu scheitern (und deshalb mehr Absicherungen gegen dieses Risiko einbauen muss). Ästhetisch zu scheitern bedeutet immer auch, statt künstlerischer Qualität vor allem die Defizite der Darsteller:innen mit „geistiger" Behinderung vorzuführen.

Aber nicht nur das fertige Werk und der Produktionsprozess von Theateraufführungen und Filmen unterscheiden sich voneinander, sondern auch die Formen der Rezeption. Der Film wird in der Regel der Populärkultur zugeordnet, während dem Theater der Ruf einer elitären Kunst anhaftet. Dadurch ist die Hemmschwelle niedriger, wenn es darum geht, Filme anzuschauen. Damit haben Kino und Film auch eine stärkere Breitenwirkung, weil sie ein größeres und heterogeneres Publikum erreichen als das Theater. Lahn/Meister nennen den Film die heutzutage „am stärksten genutzte und wohl einflussreichste Form des Erzählens überhaupt" (Lahn/Meister 2016: 269).

Theater ist immer eine reale soziale Begegnung, die in ihrer zeitlichen Abfolge festgeschrieben ist, während die kollektive Rezeption von Filmen stärker durch technische Apparate (Aufnahme- und Projektionstechnik) und Institutionen wie Kinos beeinflusst wird (Lahn/Meister 2016: 279). Filme müssen aber nicht gemeinsam im Kinosaal angeschaut werden; man kann sie allein über Datenträger (Video, DVD) oder im Internet via Streaming rezipieren und hat dann die Möglichkeit, an beliebiger Stelle anzuhalten oder Szenen wiederholt zu betrachten. Wer einen Film allein anschaut, kann seinen Emotionen freien Lauf lassen und fühlt sich durch keine weiteren anwesenden Zuschauer:innen gehemmt, wird aber auch nicht durch Andere zu einer bestimmten Reaktion motiviert. Im Theater hingegen bekommt jede/jeder die Reaktionen der Anderen direkt mit und kann eine „emotionale Ansteckung" erfahren (vgl. dazu Wünsch 2014: 225). Er/sie wird dann von den Emotionen der Anderen beeinflusst, ihr Lachen, ihre Stille und ihre spontanen Reaktionen übertragen sich auf ihn/sie.

Wenn Theater und Film Menschen mit „geistiger" Behinderung als Figuren einsetzen, also Menschen, die in der Alltagswelt oft gemieden werden oder schlicht und einfach nicht anzutreffen sind, können sie im Idealfall stereotype Vorstellungen, Erwartungen und Erfahrungen des Publikums erweitern. Denn sie geben den Zuschauer:innen die Möglichkeit, eine überraschende Begegnung und neue Erfahrungen mit konkreten Menschen zu machen. Schon der Akt des Schauspielens allein distanziert die Menschen mit „geistiger" Behinderung von ihrer „Behindertenrolle": „Das Spielen einer Rolle, die verschieden ist von der sozialen Rolle als Person mit Behinderung, kann als eine Möglichkeit betrachtet werden, sich von der sozialen Rolle zu emanzipieren" (Schmidt 2020: 163). Theateraufführungen und Filme können desgleichen ein Ort sein, an dem Menschen mit einer „geistigen" Behinderung ihre Weltsicht ausdrücken dürfen und in denen ihnen zugehört wird – wenn die Aufführungen und Filme offen für Neues sind, nicht nur kognitives Verstehen anregen, Kommunikationsformen jenseits der Sprache zulassen und erforschen und die Darsteller:innen außerhalb der bekannten Wahrnehmungsschemata zeigen. Die Frage, ob z.B. das ungeschickt aussehende Auftreten eines Schauspielers/einer Schauspielerin mit „geistiger" Behinderung peinlich wirkt oder zu einer neuen positiven Erfahrung führt, hängt entscheidend auch von der theatralen oder filmischen Inszenierung ab.

In einem unterscheiden sich Film und Theater übrigens nicht: Schauspieler:innen mit „geistiger" Behinderung sind gegenüber ihren Kolleg:innen ohne Behinderung eindeutig und unverkennbar benachteiligt, wenn es um Bezahlung, Ausbildung und die Härten des Berufes geht, in dem es selten und nur für wenige Menschen kontinuierlich Arbeit gibt.

Bibliographie

Bilandzic, Helena. 2014. „Immersion." In: Wünsch/Schramm/Gehrau/Bilandzic 2014: 273–290.

Hartwig, Susanne (Hg.). 2020. *Behinderung. Kulturwissenschaftliches Handbuch*. Berlin: Metzler.

Lahn, Silke/Meister, Jan Christoph. 2016. *Einführung in die Erzähltextanalyse*. 3. aktual. u. erw. Aufl. Stuttgart: Metzler.

Musenberg, Oliver. 2020. „Geistige Behinderung." In: Hartwig 2020: 201–204.

Schmidt, Yvonne. 2020. *Ausweitung der Spielzone. Experten, Amateure, behinderte Darsteller im Gegenwartstheater*. Zürich: Chronos.

Theater Thikwa/Lohrenscheit, Claudia (Hg.). 2018. *Theater. Rebellion. Die Ausweitung der Kunstzone – Theater Thikwa*. Oberhausen: Athena.

Tschilschke, Christian von. 2020. „Spielfilm." In: Hartwig 2020: 393–403.

Wünsch, Carsten. 2014. „Empathie und Identifikation." In: Wünsch/Schramm/Gehrau/Bilandzic 2014: 223–242.

Wünsch, Carsten/Schramm, Holger/Gehrau, Volker/Bilandzic, Helena (Hg.). 2014. *Handbuch Medienrezeption*. Baden-Baden: Nomos.

Abbildungsverzeichnis

Images of Disability

Literature, Scenic, Visual, and Virtual Arts / Imágenes de la diversidad funcional. Literatura, artes escénicas, visuales y virtuales

Edited by Susanne Hartwig and Julio Enrique Checa Puerta

Band 1 Julio Enrique Checa Puerto / Susanne Hartwig (ed.): ¿Discapacidad? Literatura, teatro y cine hispánicos vistos desde los disability studies. 2018.

Band 2 Susanne Hartwig (ed.): Inclusión, integración, diferenciación. La diversidad funcional en la literatura, el cine y las artes escénicas. 2020

Band 3 Alba Gómez García / David Navarro Juan / Javier Velloso Álvarez (eds.): Ficciones y límites. La diversidad funcional en las artes escénicas, la literatura, el cine y el arte sonoro. 2021.

Band 4 Susanne Hartwig (Hg./ed.): Gemeinsam/Together. Kognitiv beeinträchtigte Menschen in europäischen Theatern – Theorie und Praxis / People with Learning Disabilities in European Theatres – Theory and Practice. Unter Mitarbeit von Soledad Pereyra. 2022.

Band 5 Julio E. Checa Puerta / Alba Gómez García (eds.): Diversidad funcional en clave de género. Imágenes y prácticas en las artes escénicas, el cine y la literatura. 2022.

Band 6 Susanne Hartwig (Hg./ed.): Lachgemeinschaften? Komik und Behinderung im Schnittpunkt von Ästhetik und Soziologie. 2022.

Band 7 Susanne Hartwig (Hg./ed.): Gemeinsam/Together II. Kognitiv beeinträchtigte Menschen in europäischen Spielfilmen / People with Learning Disabilities in European Feature Films. 2023.

www.peterlang.com